下一个保险精英就是你

李 玲◎著

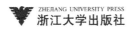

ZHEJIANG UNIVERSITY PRESS
浙江大学出版社

目录

序言
为"下一个"准备才能成为下一个

下一个精英之医疗险

下一个精英之教育险

下一个精英之养老险

为"下一个"准备才能成为下一个

何才能成为保险精英——这是每个加入保险行业的推销员都在问的问题。

美国某知名保险公司曾做过一项有意思的调查:影响推销员能否成为保险精英的因素有哪些?

结果显示,推销员的综合素质决定了他能否成为保险精英,而在综合素质中,各要素的排名依次是:准备、热情、动力、信誉、方法、技能、经验、人脉,最后才是性格。

可见,我们通常很看重的人脉和性格并不是成为保险精英的最重要条件。而最终的决定性因素竟然是:准备!

对此,推销员们纷纷感到惊讶,都认为"准备"不足以成为决定性因素。但是结果就是如此,这到底是怎么一回事呢?

先从卖保险的第一步——推销说起。可以说，没有推销，就没有推销员的业绩；没有业绩，就不会有伟大的保险事业。那么，推销靠的是什么呢？有人说，靠的是勤奋，一个专业技能再好、人脉再广的推销员，若是没有勤奋的品质，最终也会面临被竞争对手打败、无法在保险业生存的结局。

顺着这个思路，我再问你：勤奋靠的是什么呢？

有人说，是意志力，没错，倘若没有意志力作支撑，我们就很难坚持做到每天都不偷懒。

但我今天要说的是我们最初找到的答案：准备！

机会永远是留给准备好的人的！

这句话似乎人尽皆知，但是又有几个人能真正做到呢？

试想，如果只是靠意志力——我要勤奋，我不能偷懒，这样就会成功了吗？当然不会，没有行动，一切都是徒劳。而行动的前提是：有充足的准备。

这一点已经得到了美国业内人士的认可，他们认为准备是一切推销业务展开的前提。所有的推销都应该按照"准备—策划—目的—执行—结果—业绩"这一规律有序进行。也就是说，做好了准备，才能做更好的计划，有了好的计划才有更高的目标，目标不断地刷新，才有更大的动力去执行，执行决定着结果，结果决定业绩，而业绩决定着你是否能成为一名保险精英。

如果我们把上述问题都解决了，那么，你也就离成为精英不远了。针对这些问题，本书秉着为广大推销员朋友指点迷津的宗旨应运而生。

本书结构一目了然并区别于市场中的同类书，主要分为以下版块：

第一至四章：分别从保险业的背景、准备内容、业内规则、利用心理学原理建立良好的心态这四大方面着手，适合刚刚加入保险这一行的推销新人就此入门。

第五至十一章：从保险业备受关注且最受欢迎的七大险种出发，分别从不同程度上详尽而有针对性地介绍了人寿险、财产险、医疗险、教育险、养老险、意外险、汽车险的展业技巧。适合已入门,欲借此提升推销能力、提升业绩,并渴望成为保险精英的中级至高级选手们。

另外,为了避免和市场上很多偏理论的书一样缺少实用技巧,作者在七大险种展业部分的写作中还特设了【现场直击】和【方法践行】两大版块,通过一个又一个生动的案例故事和实用的方法展示,把读者从隔岸观火的状态拉回到现实生活中,给大家一种身临其境之感,仿佛你就是体验过那些或愉快、或复杂的故事的主角。

最后,在语言风格上,本书采用最通俗、最简练、最易懂的语言,如溪水流淌一般自然而然地呈现给读者。

说一千道一万,不如汇成我的一句心得——为"下一个"准备,才能成为下一个保险精英。当你准备充分了,综合能力随之提高了,你自然就会成为羡煞旁人的保险精英了!

保险业直击

最伟大的推销员是怎样炼成的?

解析 | 做保险和做其他工作一样,不做功课就入行是十分危险的,只有当你彻彻底底摸清了一个行业后,才会知道自己的前景在哪里,才能打一场有把握的胜仗!

翻开中国保险业底牌

Mr.保险精英

中国保险业 60 年,天翻地覆,沧海桑田。翻开中国保险业的底牌是打开这一行的金钥匙。

● 第一张底牌:在学习 ●

从1805 年开始,保险业正式进入中国,但可悲的是,那时的保险多以一张"洋脸"出现,成为列强侵入我国经济的重要工具。可以说,西方殖民者的介入,对我们而言,既是一个挑战,也是一个机遇。因为当时的保险业只存在于上海、广州等为数不多的几个通商口岸,很多老百姓对保险一无所知。

随着我国金融业以及保险事业的逐步发展,如今"保险"这个高频词汇在我们的日常生活中随处可见。那么,到底什么是保险呢?

在保险学中,保险是指以契约形式确立双方经济关系,以缴纳保险费建立起来的保险基金,对保险合同规定范围内的灾害事故所造成的损失,进行经济补偿或给付的一种经济形式,它是最古老的风险管理方法之一。

保险不仅是一种经济制度,也是一种法律关系。它发源于海上借贷,到中世纪,意大利出现了冒险借贷,其利息类似于今天的保险费。由于利息额度过高而被当时意大利的教会禁止,从那以后冒险借贷便逐渐走向了衰落。直到1384年,世界上第一张保险单在比萨出现,预示着现代保险制度由此诞生,而这也意味着保险业在一定规范和保障下,开始走向世人的心中。而在我国,保险真正成为一项造福人民的社会事业,是从1949年中华人民共和国成立开始。

● 第二张底牌:在路上 ●

1949年,中国人民保险公司正式成立。虽然中国终于有了第一家正式的保险公司,但却从此进入了"一家独大"的垄断局面。

1986年,新疆生产建设兵团打破了这一局面,成立了农牧业生产保险公司。

1987年,交行保险部在江西诞生。

1988年,第一家民营保险公司平安保险在我国深圳正式成立。从这以后,形成了中国平安、中国人保、中国太保"三足鼎立"的局面,中国保险行业在不断的探索与发展中萌芽并渐渐兴起。

2009年至今,我国已形成保险企业数百家,保险中介企业数千家的"百花齐放"之势。

但是,我国保险业至今仍处于尚未完全成熟的发展阶段,在我国保险业六十多年的探索之路上,既有成功,也有失败;既有坚定,也有徘徊。但这张正在经历崎岖、奋战、历练并逐渐走向成熟的第二张"底牌",无疑将是中国保险业一支巨大的"潜力股"。

●【参透保险业三步走】●

了解了这两张底牌后,或许大家已经觉得自己上路了。但是,对于保险精英们来说，最重要的是熟悉业务流程，做出业绩，不可能花费大量的时间在"中国保险业发展之路"这个问题上。那么，怎样才能在最短的时间内获取最重要的行业信息呢？保险业发展路的三条主线可以解决这一问题。

■ 第一条主线：保险业的坎坷路。

保险推销员在早期推销的时候，常常还没等自报家门，就会被客户看做是"骗子"。对于这一点，我们应该理智看待。其中很大一部分原因是由于我国的保险业本身起步晚，发展也比较坎坷，所以，人们接受得晚，接受的程度也就相对较低。今后倘若遇见这类客户，我们应予以理解，并在对方时间允许的情况下，可以试着和对方畅谈一下保险业的坎坷路，博取对方的信任和支持。其实，之所以保险路坎坷，是因为它在发展期间，曾经历了三次历史性的巨变。第一次巨变是在 1949 年，我国开始独立经营保险业务，从无到有，保险经历了破茧成蝶的阵痛；第二次巨变是我国保险事业停滞不前将近 20 年，直至 1980 年才重获新生；第三次巨变是 2003 年至 2008 年期间，先是以爆棚之势迅速发展，后来由于全球经济危机的爆发，保险业也全线瘫痪，一击即溃。可见，无论是成是败，保险业都一次又一次站在发展的风浪尖口，能取得今天的成就，已经实属不易了。

■ 第二条主线：保险业的求索路。

没有探索就没有进步，没有进步就不会被人们所接受，这也正是保险业不断探索、改革的原因之一。特别是在新中国成立初期，保险业刚刚正式成立，保险从业人员奇缺，并且在发展不到十年间就被迫停业，保险业的专业化之路也就此搁置。可以说，"自学"成了当时保险精英们攻克难关的唯一途径。直到改革开放以后，各种保险类的专业书籍相继问世，保险人才体系才真正初具规模。但是，和西方强国的保险业相比，我国保险业的专业化水平还与之相差甚远，特别是在理赔方面所表现出的不足，成为了大众一时间难以从心理上接受保险业务的根本原因。但正是由于这一点，也更加坚定了保险人了解大众心理，进一步做好服务的信心。

▢ 第三条主线：保险业的战争路。

从我国保险业兴起的第一天开始，它就已成为各个西方大国瞩目的焦点，"与狼共舞"还是等待"被狼吃掉"成为了当时我国保险业的一大问题。最终我们选择了前者，但这也意味着我国保险事业要想在国际市场占有一席之地，就要面临一场空前艰难的"战争"。首先的一战就是"WTO 战"。由于我国保险业发展时间短，从资金到管理，再到技术水平，都无法和西方大国抗衡。另外，当时，我国保险业走的是以数量扩张的"重业绩轻管理"式道路，所以，当把这样完全不成熟的一个模式推到世界舞台上时，无疑将是巨大的挑战。但令人欣慰的是，面对入世的冲击波来袭，我国的保险企业经受住了考验，并主动挑起了大梁，不断完善的管理机制和服务水平使得保险业又重新燃起了希望之火。

绝不被"热"保险打昏

Mr. 保险精英

如果在外界环境最热的时候，你能够冷静下来思考问题，就一定会成为笑到最后的那个人。

● "热"保险假象 ●

中国保险监督管理委员会网站 2008 年的一项调查结果表明：

截至 2008 年年底，我国累计个人长期保单已突破 2 亿大关；

我国个人短期险累计保单也已突破 5 亿大关；

我国 2008 年年保费累计已高达 9000 多亿元；

这些数据和保险业恢复初期的数据相比，增长了 2000 多倍！

于是，那一年，我们又看到这样的景象：很多抱着发财梦的人一窝蜂地开始从事起了保险事业！

但问题是，他们并没有想清楚：

我真的适合做保险这一行吗？

入行时我需要做哪些功课呢？

我加入这一行的目标、愿景和前景是什么？

这一行真的有那么大的利润空间吗？

有太多的人只是带着一颗急功近利的心，并且在没有做任何考量的情况下就闯进了这一行，以为只要做保险就能赚钱，即使推销不出去还能捞个本钱。殊不知，这样的想法既影响了个人能力水平的提高和发展，也影响了我国保险业整体水平的提高，这群人已经被一时间的"保险热"冲昏了头脑。

●"冷"保险真相●

根据二八定律，如果我国有 20％ 的客户拥有 80％ 的储蓄结余，以我国居民的储蓄余额大于 10 万元为例。那么这就意味着我们 2 亿多人拥有 8 万亿元左右的储蓄，人均为 4 万元左右。针对这一数字，我国的富裕阶层在用这些钱解决了住房、子女教育等一系列问题后，其余额能产生的有效保险需求实在少得可怜。相反，如果 80％ 的人拥有 20％ 的储蓄，就意味着十几亿的人人均拥有 2000 多块钱的存款余额，很显然，在经济实力不济的条件下，我国的保险业务并非想象中的那么乐观。

所以，如果你一开始就抱着"发大财"的态度步入这一行，那我现在劝你还不如早早撤退。当然，我并不是说保险业里没有"金矿"。客观地说，在开采金矿前，我们要全力以赴，抱着必胜的信念，做好万全的准备，并不畏惧路途上的艰难险阻，才能品尝到胜利的果实，这就是"热"保险下"冷"思考的真相。

●【参透保险业三步走】●

以上这些冷峻的事实，看似是在为带着一腔热血与激情加入这个行业的朋友们"泼冷水"，其实不然。知道真相的目的是为了觉醒，而只有时刻保持清醒的头脑,才能保证在接下来的行业浪潮中有厚积薄发的勇气和力量,不至于迷失方向。那么,除了以上的真相,我们还应面对行业里的哪些现实呢?

■ 第一个现实:愈演愈烈的各种灾害永远是保险业的大敌。

虽然,从某种意义而言,灾难既是让人们提高投保意识的催化剂,也是保险公司的头号大敌。特别是近几年我国自然灾害频发,导致很多保险公司资金受到重创,总体实力滑落,保障能力也因此降低,这无疑造成了巨大的负面影响。由此,一些保险公司为了保障运营的稳定性,由推销员到业务流程,开始不断地进行人员、战略的调整和改革。但无论怎么改革,其结果都是秉着"节约成本"的原则,很多甘于维持现状的保险公司也因此停滞不前,限制了自己的发展。

■ 第二个现实:提升空间有限,面临并购风险。

没有哪家公司不想"独门独户"、"自立牌坊",但现实是残酷的,特别是保险这一行业。我国保险业登上世界舞台之后,各个公司之间的竞争,以及和国际同行的竞争也日趋激烈。优胜劣汰的生存法则使得国内的一些保险公司不得不"强强联合",共同对外抗衡以获得持久的发展。特别是20世纪90年代,保险业的并购之风盛行一时,除了几个世界级的跨国保险集团,几乎全球的保险公司都面临着重新洗牌。可见,推销员要想突出重围,必须付出巨大的努力。

■ 第三个现实:混业经营的格局是保险业最大的"意外"。

随着我国经济水平日益提高,购买保险的人群也在不断发生着改变,客户的需求也不断增加。而保险业竞争的加剧也使得很多公司不得不选择混业经营的模式。毕竟，客户资源是公司赖以生存的根本，只有不断地满足客户的需求，保险公司才有发展的资本。但是，一旦混业经营就必然要压缩保险业务的成本和市场份额，这对于想要"自力更生"的保险公司而言是十分不利的。推出的产品越杂，就越难在某一专属领域树立口碑，所以，这也是保险精英们要面对和解决的一大难题。

不抢蛋糕做蛋糕

Mr. 保险精英
> 只会抢蛋糕的人总有一天要面临没有
> 蛋糕可以抢而活活饿死的窘境,但会做
> 蛋糕的人却永远都不会被饿死。

● 第一块蛋糕:佣金 ●

"**我**有一位同事,曾实现了一年做到 700 万元保额的傲人业绩,看来保险业的'蛋糕'真是很大呀!"

"你不投保他投保,只要有人找我投保,管它多少,我就能拿到佣金了。"

"别人能做到 700 万,说明肯定还有 N 个 700 万,总有 N 分之一是属于我的。"

……

不要讶异,这是很多保险新人们在入行之初容易产生的错误认识。觉得做大做强保险业务并非难事,于是就每天坐等着有人来分给你一小块"蛋糕",只要能填饱肚子就心满意足了。

但是,话说回来,我们加入这一行明明不仅仅是为了填肚子,当别人拿走了一块"大蛋糕"时,就说明接下来你可分得的"蛋糕"正变得越来越小,如果你永远都等待着去分剩下那块"蛋糕",就很有可能面临"饿死"的窘境。要知道,再大的"蛋糕",也总有被瓜分得一干二净的一天。如果有那么一天,你该如何生存下去?

● 第二块蛋糕:客户 ●

"搞定客户好难啊!"

"听说新来的同事刚刚搞定了一个大客户,我得去挖挖人。"

"客户不抢怎么行?光靠做,能做多少?"

……

不做客户,走抢客户——这也是很多推销新人爱犯的毛病。他们很想一开始就做出点业绩,出出风头,但又担心因为自己是新人而无法展业,所以干脆去和同事抢客户。

其实,客户是用来做的,而不是抢的。虽然,在某些特殊关头,我们不得已要和竞争对手去"抢客户",但这始终不是长久之计。一块从别人手上拿来的蛋糕,永远存在"丢失"的风险。

●【参透保险业三步走】●

听了这些,你或许会问:"呵,说得真好听,谁不想吃蛋糕,但自己做起来谈何容易?"没错,"做蛋糕"并非那么简单,做得火候欠缺或过火,都会成为一块难吃的蛋糕,如果我们自己都难以下咽,客户岂会埋单?那么,要想"做好蛋糕",背后有什么"秘方"呢?

■ 第一个秘方:经营全面化。

经营全面化这个道理很简单,比如你做一块蛋糕,要想让它的味道浓郁出彩,不但要把本来的佐料调制到位,还需要另配其他材料才能烹饪出更美味的蛋糕。卖保险也一样,一个卖寿险的推销员如果只懂得卖寿险,那么,他不但无法满足客户的全部理财需求,也不可能更好地展业,推销出更多的产品,做出更大的业绩。因为,随着现代人理财意识的强化,购买保险通常只是他们理财计划的一小部分。如果你是通过让客户签单方式而赚取佣金,很显然,对方可以分给你的"蛋糕"只有很小的一块。

■ 第二个秘方:经营差异化。

保险界的推销员千千万万,每个人每天都在"做蛋糕",客户早已看得眼花缭乱。所以,如果你的蛋糕毫无特色,你最终辨识度就会很低。同理,我们要想把某一个险种做大做强,决不能采用单独经营业务和产品的模式,而要选择差异化经营。这一点体现在业务上就是要及时调整你的推销结构,当然差异化并非我们的最终目标,而是要通过差异化提高辨识度,让客户第一眼就认出你。

■ 第三个秘方:经营同质化。

大家不要觉得求"异"的同时,就不能求"同"。毕竟,面对各种类型的客户,我们往往众口难调,却又不想失去某一部分群体。所以,"做蛋糕",既要追求差异,更要看重同一种精神和本质。这一点在业务中体现的是我们在定位产品的价值取向上要和当前消费市场的精髓保持一致。如果你做出来的蛋糕口味已经过时,或令大众难以接受,结果也只是徒劳无功,费力不讨好。

机遇和挑战，一个都不少

Mr. 保险精英

　　机遇与挑战就像天平的两端，少了哪一端，天平都无法保持平衡。

● 保险业机遇 ●

■ 第一个机遇：市场化进程加速的财富机遇。

　　可以这么说，我国保险业的发展推动了经济市场化的进程，而我国经济的发展也成就了保险业的发展。特别是在我国加入世贸组织以后，市场份额由之前的垄断式转为了多元式，无形中也推动了整个国民消费水平的提高，从而为保险业带来新的财富机遇。

■ 第二个机遇：技术和服务创新带来转型机遇。

　　随着我国科技水平的不断提高和进步，各领域的数字化和科技化趋势日渐明显。无论我们的专业技能多么强大，如果没有科技为依托，是很难保证不被淘汰的。所以，这无疑是保险业发展模式转型的大好时机。

■ 第三个机遇：结构整合中发现合作机遇。

入世后，很多国外保险公司纷纷来到中国设立办事处。到目前为止，已有 20 多个国家和地区的"强手"入驻国内保险市场，它们与我国保险公司同台竞技的同时，也增加了我们与国际接轨、与强手联合的机遇。

● 保险业挑战 ●

■ 第一个挑战：经营成本越来越高，利润越来越低。

虽然我国保险业与国际接轨后，财富机遇大增，但这是以降低保费费率为代价的。另外，随着消费者对产品的要求越来越高，我们必定要做更大的投入。换句话说，推销员的经营成本将越来越高，而利润却越来越低。

■ 第二个挑战：外资越来越多，竞争越来越激烈。

当外资进驻我国市场后，其最主要的竞争力便是服务和技术上的优势。由于我国保险业本身起步晚、发展迟，我们的技术和服务水平一时片刻是很难和他们抗衡的，这也是所有保险人最大的挑战。

■ 第三个挑战：合作越来越多，压力越来越大。

在险种的营销方面，我们同样面临巨大的挑战。我国当前保险市场的营销模式通常是以推销员与客户直接对话为主，但外资在营销方面通常有自己专业的代理人、顾问甚至经纪人，其难以超越的专业性使我们的压力也越来越大。

•【参透保险业三步走】•

其实，世间万物都有两面性，都是机遇与挑战并存的，关键在于你如何对待。所以，面对种种机遇与挑战，只能说，从长远目光来看，对于保险人的发展，这两者是一个都不能少的。那么，在了解了机遇与挑战后，我们应该从哪些方面入手，利用机遇，战胜挑战呢？

■ 第一个方面：增强经营意识，避免风险。

经营意识，总的来说包括公司层面的经营意识和推销员个人的经营意识。对于推销员而言，要做的就是降低风险成本，用更少的投入换回最大的回报。推销员千万不要觉得"我一个打工仔，为公司打工，只要算明白自己的利益就好，无需考虑为公司节约成本"，若公司成本越大，你的可发展空间也就越小。只有把保险当做事业而非工作去经营时，才会为公司做出业绩的同时，自己也有利可图。

■ 第二个方面：增强自律意识，公平竞争。

自律是行业竞争的基本道德和素养，然而自律并不能用法律法规来制约，它需要全体保险人的共同努力。特别是当外资入驻以后，由于对方强大的资本和运作能力，的确会给本土的各大保险公司带来不同程度的压力，但由于我国的保险业还不是很成熟，还有很多东西需要向外来公司学习，所以我们也要秉着竞争与合作兼顾的原则，不能因为一时的利益而丢了合作伙伴。

下一个保险精英就是你

■ 第三个方面：增强创新意识，开发新品。

虽然开发产品并不属于普通保险推销员的工作范畴，但我们一定要具备这种意识：不为工作而工作，要为创新而工作。不要把展业当做是一个机械的任务去执行，而要带着创意和信念灵活变通地去开展。当前市场竞争的激烈程度不言而喻，没有创意的产品是很难销售的，不懂得创新的推销员迟早要被淘汰。

在保险界找到新人生

Mr. 保险精英

人生犹如一次旅行,如果说这一站能够带你回到过去的美好,下一站能带你找到未来的希望,那么,你是想回到过去还是奔赴崭新的人生呢?

● 心动力:梅花香自苦寒来 ●

某著名保险公司的业务部经理,分公司的营销总监……几年来,我的一位朋友由一个小小的推销员变成拥有无数美名的保险精英。

电视台争相邀请她去做访问,她的成功在保险界引起强烈的反响。但这些荣誉和光环的背后,没有人知道她在从事代理人期间,经历了多少次失败、困难与挫折。

而我当然知道,其实每一段崭新人生到来前,都要经历不见天日的暗夜……

的确,万事开头难,也正因如此,很多人一上战场就遭遇了不幸,或遭遇挫折,或身负重伤,于是卸下铠甲,过回原来安定的生活。或许,他可以宁静而安稳地过完一辈子,但却失去了一次取得战争胜利、迎来崭新人生的机会。而也有一少部分人，无论开始有多难，他们都咬紧牙关坚持到最后，并因此迎来了曙光，获得了新生。

• 新人生：吹尽黄沙石成金 •

凡事无绝对，我一定不会告诉你：只要你现在能忍受住寒冷，就一定会迎来梅香扑鼻的那一天。

但我一定要告诉你：你现在只是一块暗淡无光的小沙石，你若不坚持下去，就连成为金子的机会都没有。

对于保险推销员来说，工作的重心就是推销，无时无刻都要推销。残酷的现实告诉我们，很多时候，即使你付出了、努力了、推销了，却不一定就会收到预期的效果。于是很多人选择半途而废，或者就此和推销隔了一道心墙，再没有勇气去发现新的人生。没错，我也承认这一行很难做，但如果你能坚持住，总有一天会发现，新的人生就在不远的前方招手。

•【参透保险业三步走】•

现在你明白了，保险业既好做又难做，往往结果就在前进或退后的选择之间定了型。但不管怎样，你如果想通过这一行为自己找到一个崭新的人生，就要先了解保险人需要哪些最基本的专业素养。

■ **第一个素养：专业素养。**

专业素养是个人综合素养中的一个方面，但却是最重要的素养之一。因为，所有其他素质的培养都是建立在原有的专业素养基础上的。毕竟，我们所从事的保险业属于金融行业，如果仅仅在客户面前强调专业技术以外的东西，无疑是有失偏颇的做法。何况，保险作为一种理财工具，客户始终需要最专业的规划，而非空口无凭的一家之言。

■ 第二个素养：人文素养。

在保险业里，那些顶级的推销大师不一定就是专业素养最好的，但其人文素养一定是最棒的。因为，良好的人文素养是站在客观的、哲学的、历史的角度看问题，这有利于推销员们提升个人能力和见识。在客户提出某个问题时，如果你总能以独特的视角分析问题，那么个人魅力就会大增，从而达到推销的新境界。

■ 第三个素养：沟通素养。

保险业界流行一句话叫"没有沟通就没有业务"。值得我们注意的是，随着我国全民投保意识的提高，客户的年龄层也越来越多，70 后、80 后甚至 90 后开始纷纷闯入我们的视线。我们无论是和哪个年龄层的客户打交道，和对方的沟通都要是"同龄人"的对话，而不是对方和你讨论某一款网游时，你就两眼发呆。当然，随着通信方式的多样化，很多沟通在 MSN、电子邮件等的方式下也可以实现，关键在于你能否在沟通中发现新的美好。

找到你的"专属"成就感

Mr. 保险精英

没有人会拒绝成就感,更没有人会拒绝一个能够使他获得成就感的职业。

● 保险业是一个可以带来成就感的行业 ●

中国保险学会对保险推销员的管理研究显示:

我国保险业推销员的成就感总体情况良好,测试结果均在中等水平以上。

这意味着绝大多数的保险推销员对于自己成功推销出去的产品具有很强的自信心,并能够在推销过程中,利用这种信心建立客户的忠诚度和自我满足的成就感。

另外,比起其他种类的职业,从事保险业的人往往要面对更多的失败和挑战,这也让推销员的每一次成功显得更为不易,所获得的成就感也就更大。

● 保险推销员是一个可以带来专属成就感的职业 ●

在保险推销员这个职业未产生以前,似乎从来都是男人比女人的成就感更强烈,而这一职业的出现却彻底颠覆了这个局面,成功的保险推销员,从来都不分男女。

由于保险推销员的能力重点在于语言技巧方面,而女人是天生的语言驾驭者,因而在做起推销工作时往往比男人更自信,更容易获得成功和成就感。而男人则比能言善道的女人更善于较量和竞争,做事富有魄力,特别体现在保险这一行,同样容易获得成功与成就感。

重点是,保险推销员使成千上万的男男女女获得了成功,并取得了各自的成就感,可见,这是一个可以带来专属成就感的职业。

●【参透保险业三步走】●

事实上,一个人的成就感更多的是自我心理的一种体悟和感觉,而作为保险推销员理应让自己练就一颗强大的心,努力为自己找寻获得并增强成就感的途径。

■ 第一个途径:定期自我培训。

自我培训是为了提高个人专业知识水平,个人的技能提高了,就会在无形中增加自信心。试想,如果你的专业知识有限,在与客户谈论专业问题时,就会变成"哑巴",在客户面前便没有底气。所以,但凡成就感强烈的推销员从来都懂得定期自我培训,而不是等着公司点名让你去培训。

■ 第二个途径:定期转换环境。

心理学研究表明,当一个人长期处于同一环境时,其工作效率就会降低。这是因为同一处风景或建筑容易引起人的视觉疲劳,这一点体现在工作中也就是所谓的职业倦怠。一个已形成职业倦怠的推销员当然难以做出业绩。所以，大家不妨在出视"疲劳"状态时，及时为自己换个环境，当然，并不是鼓励你去跳槽，或者换个职业，而是试着调节工作的时间、地点或方式，这样成就感会因新鲜感而如影随形。

■ 第三个途径：定期接受挑战。

影响保险推销员成就感的因素固然是多方面的，例如，付出精力的多少、保单的难易程度、客户的大小，等等。但个人的业绩是其中最具决定性的。因为，我们无论是向上级、向公司还是向自己交代时，都习惯于用我们所得到的结果说话，而没有业绩就代表没有结果，没有结果就相当于所有的付出全部白费，这样的情况下怎么能有成就感呢？所以，为了能够保证业绩，最好的办法就是让自己在不断的挑战中进步，在追求成功的路上发现成就感。

精英之道：用经济学看保险业

卖保险本身就是一种商业行为，而商业和经济学始终是分不开的。所以，如果我们用经济学的理论和观点看保险业，或许对精英们的销售工作会有不小的启发。

例如，西方微观经济学就曾提到过，保险业发展涵盖市场主体素质提升、市场效率增进、交易质量提高和监管效率提升这四个方面"质"的内涵。

而我国的保险业正处于发展的初级阶段，这四个方面都有待提高，但是如果我们能尽早地借助经济学的视角，了解这些需要改进的方面，未来的发展就会做到有的放矢。

这是其一。其二是当局者迷，很多从事多年保险事业的精英们往往只是守着自己的"一亩三分田"，计算着每个月是否能达成任务、年度能拿到多少奖金，大多关心与自己切身利益相关的问题。但事实上，这对于我们长远的发展是没有好处的，既然你想在这一行做大做强，就要用长远的眼光来看待保险业,不仅要看它对我们有多少利润,更要看它对消费者、对社会有什么好处,这样我们才能根据现实情况不断地改进自己的销售方法。

● 经济学看保险业之保护客户利益 ●

可以说,没有客户就没有保险精英的今天,所以保险理应维护广大客户的利益。在保险的理赔环节、费率厘定、条款设计等方面最能体现这一点。保险人具备与行业相关的法律、信息等专业优势,使得保险推销员在做推销之前就处于"强势"地位,所以为了维护公平性,保险业也需要外部力量的介入。于是,为更好地协调各方利益,我国相关部门建立了通用的保险条款,建立了相对集中的数据库以及统一的理赔标准,从而可以更好地促进我国保险事业的发展,当然,其最终目的还在于保护广大客户、消费者的利益。

● 经济学看保险业之适应经济创新与变革 ●

没有创新和改革,就没有经济飞速发展的今天,保险业也是如此。特别是在全球经济一体化、金融混业经营的大背景下,金融行业如雨后春笋般展示着它独具创新的一面,大大促进了我国经济的发展。因此,保险精英们在今后的推销过程中也应本着创新的原则,提高推销效率。

● 经济学看保险业之维护金融市场稳定 ●

之所以说保险业维护了金融市场的稳定,是因为保险业属于金融行业。随着金融混业经营步伐的加快,我国保险业的风险预警、危机处理、保障保险业安全快速发展的机制也相应得到完善。另外,我国保险监管机构也纷纷加大了监管力度,建立了新形势下的管理体系,毫不夸张地说,我们这批保险人赶上了最好的推销时代!

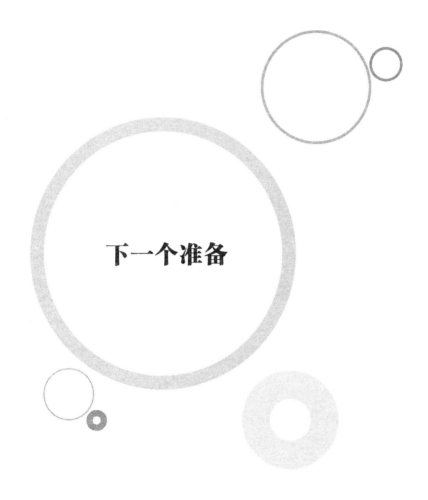

下一个准备

做个先知先行的幸运儿

解析　做保险和做其他工作一样,不做功课就入行是十分危险的,只有当你彻彻底底摸清了一个行业后,才会知道自己的前景在哪里,才能打一场有把握的胜仗!

自我定位第一步

◈ 定位才能发现不足 ◈

金无足赤,人无完人。每个人都有自身性格的弱点,初入保险业的推销员不可避免也有很多不足之处。

美国著名的人际关系学大师戴尔·卡内基曾说过:"人性的弱点并不可怕,关键要有正确的认识,认真对待,尽量寻找弥补、克服的方法,使自我趋于完善。"在推销的工作中存在错误和不足也并不可怕,可怕的是明明已经一身不足,自己却发现不了,无法纠正。

只有先为自己找到一个清晰的定位,才能更好地发现自己的不足。如果你连自己的性格、所从事的职业特性都不了解,那么你也很难从别人的眼中看到自己最真实的样子,从而找出自己的偏差,进一步自我提高。

• 定位才能明确优势 •

我最擅长什么？

我最适合用什么样的方式推销？

我身上哪一点最有吸引力？

······

如果你不能准确地回答这些问题，说明你自己都还不清楚自身有哪些发展优势。

而一个推销员自身是否存在优势是保险推销工作能否顺利展业的关键所在。因为在竞争日益激烈的今天，优势是推销员脱颖而出的不竭动力。

但很多推销员并不了解自己，也无从明确自己的优势，所以需要借助自我定位的方法更了解自己，确定未来的发展方向。也只有通过定位，才能使我们在顺应社会大潮的前提下，从自身实际出发，有的放矢，最终马到成功。

•【做好准备三步走】•

可见，自我定位是保险精英们开展未来事业的第一步。唯有第一步的准备做足了，才能整装待发、轻装上阵。那么，保险推销员应该将自己定位成什么角色呢？

■ 第一重定位：保险公司的代言人。

当你加入了某个保险公司，不要觉得只有公司的领导层才有说话的权利，才能代表公司的形象。恰恰相反，因为你是公司派出去每天和客户打交道的代表，所以你才是公司的代言人。你的一言一行都能代表整个公司，而客户也会以此进行对公司的考量。如果你对待客户的态度不好，或许客户就会认为"这个公司的整体业务素质不怎么样";如果你衣冠整洁、笑容和美、建议中肯,则会给客户留下一个好印象,客户也会因此增加对公司和产品的信心。所以,做好代言人是你要赋予自己的第一重定位。

■ 第二重定位:公司与客户的中介。

公司有没有客户,取决于推销员的业务是否做得到位,而客户能否获得满意的产品和服务,同样取决于推销员的业务素质。所以,你的第二重定位便是公司与客户的中介。中介,更多的是信息的传递者,你不只是推销产品,还要连带公司的发展背景与实力、优惠活动、售后服务等相关信息一并准确地传达给客户,从而达到促销展业的目的。

■ 第三重定位:专家级的信息顾问。

客户之所以找保险推销员购买产品,是因为想要获得更多的指导和帮助,所以,在客户面前,你一定要让自己成为专家级的信息顾问。因为购买保险的客户通常只是门外汉,谁都不想白白花钱,谁都想成为一个"精明"的购买者。事实上,客户对于购买的险种一般都存在各种各样的疑问,凡此种种,我们要做的就是尽可能利用我们所学的专业知识为其讲解,帮助其选择最合适的产品。

做有计划的推销员

> Mr. 保险精英
>
> 计划是执行的开始，没有好的计划就没有更好的行动。

● 保险推销需要以计划为导向 ●

推销向来是以行动为导向，没有行动就没有效率，没有效率就没有业绩。然而，一切行动都要以计划为导向，这样才会有一个好的开始。

对于推销新人们而言，做好推销计划并不是一件简单的事情。因为，保险推销计划和普通的日常计划相比，更具有目的性、更需要专业性。例如，某项客户跟踪计划是否会带来业绩，某个地区的开发计划是否周密、是否能带来新的客户，等等，每一步都要计划好才可以开始推销行动。

● 有计划地推销才能更接近目标 ●

一切计划的目的都是达成目标。而一个有计划的推销员也更知道自己想得到什么，应该做什么，从而一步步接近目标。

我在入行之初，就不太懂得做计划。特别是在公司培训期间，已经习惯了老师们的安排，总觉得"我只要听前辈的、听上级的，就一定错不了"。但在后来的推销过程中我发现，上级只会给你客源线索和执行的指示，结果成败完全取决于自己的努力。因为缺乏计划，工作的第一个月，我的业绩少得可怜。可见不做计划是多么可怕的一件事，它只会令你离目标越来越远。

●【做好准备三步走】●

但问题是，做一名有计划的推销员应该遵循什么原则呢？

■ 第一个原则：与客户面对面接触，并将时间最大化。

推销员最无法回避的问题就是客户，争取客户的最好方法是面对面的接触。或许你会说："都什么年代了？不一定非要面对面接触，我可以发邮件、打电话。"其实正相反，推销员与客户正面交锋的时间长短，决定了他的业绩多寡。只能说，面对面交流以外的方式可以辅助我们的销售，但却不会成为主流方式，否则，保险公司要推销员做什么呢？所以，做计划的第一个原则就是要安排足够多的时间与客户进行面对面的交流。

■ 第二个原则：明确最终目标，向着终点勇往直前。

假设你是一名准备参加比赛的运动员，如果你不知道终点在哪里，你会不会拼尽全力奔跑？你会不会到达了终点都不知道或者直接错过了终点？

同理，做推销也是一样，如果你不明确最终想要一个什么样的结果，就匆匆忙忙去见客户，那么就掌握不了执行的进度、有没有偏离初衷、是否需要改进等要素。长此以往，不但业绩平平，而且你会走很多弯路，做很多无用功。

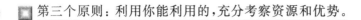第三个原则：利用你能利用的，充分考察资源和优势。

当你真正开始做保险推销时就会发现，原来我们拼的不是客户，而是时间。无论是每天堆积如山的业务还是无数个等待约见的客户，都告诉我们，要想提高效率做出业绩，就必须和时间赛跑。所以，为提高工作效率，我们就要充分了解身边一切能利用的资源及其优劣势，例如，现有客户关系、客户辅助资料等等。唯有先对自己的"战况"做一个自检，才能更好地应对前方未知的"敌人"。

与客户沟通的常规技巧

Mr.保险精英

　　沟通永远是保险推销员最"温柔"的杀手锏。

● 真正的沟通是温柔的 ●

假设你是客户,有一位保险推销员口口声声想要与你进行良好的沟通,但却一边说话一边往地上吐痰,那么,你还会对这样的推销员抱有好感和希望吗?

　　另外,你若是对保险的某条规则有异议,对方却表现出一副不耐烦的样子,甚至还有爆粗口的"意外"可能,这时的你会是什么感受呢?

　　很多刚入行的朋友都认为自己的口才已经非常好了,没有和自己沟通不畅的客户,但在销售过程中,问题却还是一点点暴露出来。很多推销员并不知道自己的"口技"并不是真正的沟通。因为,真正的沟通是温柔的,没有杀机的。其实客户和我们的立场是一致的,对方也想尽快达成交易。所以,我们应该以友好的态度,带着心中的尊敬、沟通的技巧面对客户。

• 真正的沟通能赢得客户的心 •

多年的从业经历让我有这样的感受：

越是口若悬河、滔滔不绝的推销员，越难以说服客户；

而越是静若处子、低调柔和的推销员，越能给客户好感。

很显然，第一种推销员没有了解沟通的真谛，而第二种推销员才是真正的沟通高手。沟通并不单纯是一个人个性的表达，而更多的是一种内在的剖析。沟通技巧是否正确得当直接决定着你能否说服客户，使双方的交流在一个愉悦的氛围中圆满结束，赢得对方的心。

•【做好准备三步走】•

听了这些，或许你会觉得这些东西太基本了，但要知道，不会走怎么会跑呢？基础不过关，未来做业务时会吃尽"苦头"。那么，推销员要想学会真正的沟通，有哪些常规的技巧需要掌握呢？

■ 第一个技巧：准备真实的案例，做个会讲故事的沟通专家。

和客户的沟通过程中，更多时候是我们在说给对方听，对方能否接受，取决于我们所发表的言论。很多保险精英们都善于为客户讲案例故事，却依然不成功，这是为什么？据我观察，原来，很多推销员为了能在短时间内打动客户，在讲故事时都喜欢"添油加醋"、夸大其词，听上去故事总是无限美好，但却让客户觉得很"假"，待客户听完故事，冷静下来后就兴趣全无了。所以，真正的沟通、要求推销员做到尽量讲述发生在自己身边的案例，为客户营造身临其境的感觉，而不是让客户毫无真实感可言。

■ 第二个技巧：适时地引用言论，不要让言论围着"我"转。

"我觉得……"

"我听说……"

"我认为……"

"我建议……"

如果有人口口声声说是在为你着想，但对你说的话却全部都是围绕着"我"转，那么，你觉得对方是真的为你好，还是更在意自己的立场和利益呢？相信所有客户都会认同后者。

事实上，推销员更多地发表"我"的观点，不只是显得自私，在客户面前也会显得苍白无力，没有影响力。因为你一来不是知名的保险推销大师，二来不是专家级的从业人员，客户凭什么相信你的话呢？所以，我建议推销员可适当地借助第三方——更有影响力的重要人物的言论和思想加以论证，这才是更有效的沟通。

■ 第三个技巧：沟通时言简意赅，珍惜你和客户的时间。

很多推销员为了一开始就把客户缠住，丝毫不给客户留说话的余地，见面就滔滔不绝，明明一句话可以表达清楚的事情却总喜欢绕来绕去，殊不知这是最愚蠢的做法。

你说得再多，如果客户接受不了，最终还是会果断地拒绝你，耽误的是双方的时间。所以，真正的沟通语言应该是言简意赅地表达观点，尽可能为双方节约时间，减少彼此的压力，而不是你明知道客户在不停地看手表，却依然说个不停，这样只会让客户反感。

寻找客户渠道三步走

Mr. 保险精英

走的人多了，于是有了路。同理，渠道其实有很多，但是你找了才会有。

● 有渠道才有客户 ●

很多推销员都误以为是先有客户，后有渠道。心想：有了客户，才能让其转介绍，才有机会接触更多的人，发现更多的客户，但事实并非如此。

简单地说，如果你指望客户去更新渠道，那么你永远是被动的一方，这样的你没有客户也就没有渠道。但如果你主动去寻找渠道，你就是主动的一方，更多的客户就会掌握在你手里，你就会有源源不断的优质客户。

其实，推销员的日常推销活动一定不会是"与世隔绝"的，我们所接触的每一个点都可以连成线，再形成面，从而建立起一定的客户关系网。

● 有渠道才有业务 ●

有一个学员曾经问我：没有业务可怎么办？每个月指着上面指派的客

户,只能勉强达标,根本赚不到额外佣金……

我的回答只有三个字:找渠道。

业务不是免费的午餐,更不是天上掉下来的"馅饼",公司发给你一块你就吃一块。任何保险公司的商业活动都是从渠道做起的,发现了可以联系的组织,然后通过沟通谈判达成合作意向,最终成功举办活动。

所以,如果我们能玩转渠道,就可以拥有像公司一样举办商业活动的强大力量,去搞定你的业务。

•【做好准备三步走】•

说了这么多,或许你不禁要问:渠道肯定是有,但关键是怎么寻找,如何发现和利用?

■ 第一种渠道:亲朋好友。

朋友和客户有什么联系?当然有。

难道要把产品推荐给朋友吗?当然不是。

俗话说,朋友多了路好走。但有的推销员却不能正视这一点,总觉得熟人办事说道多,怕麻烦朋友。其实,之所以说朋友和客户有一定联系,不是要你把产品卖给朋友,而是让朋友介绍可靠的客户给你。当然,因为是和"自己人"交流,我们的表达方式就要改变一下,不妨先与朋友分享你成为一名保险人的喜悦,在谈心时自然而然地询问是否有客户可以介绍给你。总之,即使朋友不会成为你的客户,朋友认识的人却可能成为你的客户,所以无论如何都要与其保持联系,寻找商机。

■ 第二种渠道:借用专业人士的力量。

对于刚入行的新人而言,要想在一开始就把渠道做得很到位、很专业几乎是不可能的。所以,我们唯一可走的捷径就是借助专业人士的力量。这个人可以是你的上级、你的前辈、你的同事,甚至是有竞争力的对手。毕竟,刚刚迈入纷繁复杂的保险业,很多渠道或许你略知一二,但却无从下手。但是你若能从比你有经验的专业人士那里获取建议和指导,那么对你今后的展业会有很大帮助。

■ 第三种渠道:寻找更广阔天空。

在一个行业待久了,眼光也往往容易被自己的"一亩三分田"限制住。所以,推销员不应该限于固有的、传统的渠道,要不断地为自己寻找更广阔的天空。例如,你可以买一份当地的黄页电话簿,从中找到具有开发潜力和价值的企业,诚恳地向他们表达你的产品信息和远景;你也可以通过现代网络技术,在各大论坛中寻找有需要的客户;还可以通过发邮件,主动向客户推荐你的产品和服务;等等。

凭证入场，"钱"程无忧

Mr. 保险精英

> 卖保险和考大学一样，多一个证书，未来就多一分保障，前程就会少一分忧虑。

● 无证入场万万不可 ●

保险代理人资格证；

保险人展业证；

理财规划师；

……

保险同仁们，上述证件，你拥有几个呢？

有很多朋友告诉过我：这个年代，证书不重要，有能力比什么都强。

我却不这么认为，不然大家都辛辛苦苦读大学、拿证书做什么用呢？

据我了解，在我们读大学期间，七成以上的同学都参加过大学英语四六级考试，虽然考过四六级并不代表英语就一定好。但不可否认，四六级的证书多年以来依然是各大公司面试时的"通行证"，更是个人语言学习能力的一个鉴证。

同理，无论加入哪一行，有"证"入场的人永远要比无"证"入场的人更吃香。

● 证书是一种保证 ●

一个小小的证书能够展示出的东西毕竟有限,我们出示证书,对于客户而言,更多的是一种保证、一个承诺。

的确,取得专业证书更能让我们"钱"程无忧,但这绝不是我们开展推销工作的重点。如果为了获取一纸证书而抛弃了推销技巧与展业技巧的学习,那就因小失大了。

对自己,我们把证书当成敲开保险业大门的那块砖即可;

对客户,我们把证书当作向客户的一种许诺就好。

●【做好准备三步走】●

可见,保险人的前程如何,并不完全取决于获得了多少证书。为了避免思想上出现偏颇,我们应该如何看待手中的证书呢?

■ 第一个看法:证书是附属品,你才是真正有价值的产品。

我们在入行之初参加业内培训时,都会被告知尽可能多地考取相关的专业证书,但很多人却因此误解了证书的真正作用,以为拿到了证书,自己就有了资本。于是,每当辛辛苦苦考得一个证书时,不是沾沾自喜,就是一副万事大吉的态度。殊不知,客户的第一印象永远来自于推销员自身的形象素质,而非根据你手中证书数量的多少去评定你的等级。所以,请把证书当成辅助你工作的附属品,精心"装修"自己,让自己变成最有价值的产品,这才是展示给客户的最好的"证书"。

■ 第二个看法：材料的专业性才是根本。

要知道，我们所面对的客户不计其数，什么类型的都有，并不是所有的客户都看重你展示的证件，其中，难免会有对证书有成见的客户。当你兴奋地把证书交给对方时，很可能因此换来对方的一句冷落："给我看这个有什么用，还是给我看看你的真材实料吧。"其实，这类更加追求实际的客户并不少见，对此，我们更要做好充分的前期准备，用计划书显示自己的专业技能并辅之以理性、热情的服务态度，用材料的专业性弥补客户最初的成见。

■ 第三个看法：获得证书后也要让危机感时时存在。

考取证书后，推销员不仅信心大增，优越感也会大增。如果我们不能以一颗平常心看待，一味地沉浸在获得证书的喜悦中，只会耽误接下来的业务。要知道，商场如战场，比你优秀的士兵数不胜数，说不定当你还沉浸在喜悦中时，对方已经悄悄赶超你了。因此，我们应该适应神经时时紧绷、危机感时时存在的状态，以此激励自己不停下前进的脚步，毕竟，是不是"专家"最终还是要用优秀的业绩来证明。

不可错过的衔训准备

Mr. 保险精英

衔接培训实际上是保险公司提供给员工的一种"特殊福利"。

● 衔接培训是一项福利 ●

曾 有很多学员向我抱怨：

为什么公司总要培训？

为什么总是让我牺牲工作时间参加培训？

培训有什么用，不就是喊一些口号吗？

现在每天都在培训，从早到晚，烦都烦死了。

……

我相信此刻刚刚踏入这一行的你，面对企业的各种衔接培训，也有很多的抱怨。实际上，衔训是保险公司提供给员工的一种福利，让员工通过一定期限的培训，学到更多的经验以弥补知识的不足，掌握更多的技能以提升自身价值。

其实，当培训完之后，你会发现自己更加热爱这份事业，更有信心和勇气做下去，对所在的公司也多了一份归属感。这是一个人在入职后，花费多少精力和时间都学不来的。

● 衔接培训是步入正轨前的热身 ●

知识不会写在脸上，更不会藏在肚子里，而是体现在实践中。

就算我们当年是硕士、博士出身又怎样，来到一个新的领域，一切都是零。谁又敢在上岗第一天保证：无需培训，立即上岗，业绩自然来。

没错，无论我们从事哪一行都有一个适应的周期，你之前卖人寿险很在行，却不见得卖车险也手到擒来，这就是为什么我们在步入正轨前，公司一定要让我们先"热身"，因为只有这样你才能适应陌生的工作环境，熟悉和了解新的同事，以及掌握全新的业务流程，以减少在今后工作中出错的概率。

●【做好准备三步走】●

所以，如果公司为你安排了相应的培训课，请一定不要错过这样的机会。在此之前，你需要先了解，在培训中我们应该尽量把自己打造成什么样的角色。

■ 第一个角色：努力成为"杂家"。

在展业过程中，我们会遇到各种各样的客户群体，一技之长已经不足以让我们撑起所有的场面。如果你已经是保险专业出身，这时在培训中就要多多学习保险专业以外的各项能力，例如新品开发、采购、营销、财务等基础知识，确保工作中无论遇到什么问题，都能应对自如。

■ 第二个角色：努力成为"专家"。

没有专业技能的员工不是好员工，这是很多公司宁可自掏腰包为员工开展专业培训课的重要原因之一。当你还是新人时，固然会有很多带你展业、指导你的前辈，但渴望发展的你心甘情愿永远靠别人的力量支撑自己吗？绝对不会。所以，一定要摆正心态，尽早摆脱一路搀扶你前进的"拐杖"，把自己打造成为一名专业人士。

■ 第三个角色：努力成为"战士"。

培训中，除了专业训练，往往还有一些意志力等心态方面的训练。这是因为我们每个人在接下来的工作中都不可能一帆风顺，特别是刚入职的新人们，几乎每天都要应对各种突然出现的难题，而如果你的意志力不高，很快就会被击垮。所以，在技能过关的同时，我们要格外训练自己的意志力，把自己打造成一个越挫越勇、战无不胜的"战士"。

精英之道：给自己多留一手

在竞争日趋激烈的保险业，学会给自己多留一手并不是什么自私的表现，而是为自己争取更多成功机会的精英之道。

● 最值钱的一手——精算师资格证书 ●

以精算师为首的各类专业技术人才，如今成为国内各大保险公司的重点"保护对象"。

我国目前精算师的数量还远远不能满足保险市场的需求。所以，如果你想成为保险界的精英，不妨努力考取这一资格证书。

在未来保险业的大潮中，精算师无疑将担当非常重要的角色。而一个合格的精算师不仅应具有扎实的精算知识，更要对保险市场的法律法规，甚至与保险相关的税务、会计、投资等领域的知识都要 100％掌握，这样的你才有资格做到"精算"，并为你的客户"精算"。

可见，精算师作为一种新兴的职业认证，至少在短期内，在我国保险业是非常有发展前景的，你还在等什么呢？

● 最有用的一手——理财 ●

考取了证书并不代表万事大吉，纵使拥有再多的"资格认证"，倘若没有实践技能为辅，在这个讲求实际、追求利益的时代，保险推销员还是很难被接受、被认可的。所以，在此建议保险推销员们还要学习这最有用的一手——理财。

可以说，人们购买保险本身就是一种理财行为，而保险推销员却往往忽视了这一点，推销产品时，单纯地让客户存满固定期限以获取一定利息，认为到此自己的工作就结束了。相反，如果我们能将推销的过程看作是帮客户理财的机会，恐怕效果会大为改观。所以，要想帮客户理好财，你需要先学会理财。

平时你要多多关注保险业、金融业等相关领域的动态，并且针对不同收入的人群，拟定不同的资产目录构成。这样在与客户谈判时，就能以此说服客户及时调整自己的资金投入比例，建议其购买相对适合的产品。

这样做不但可以向客户展示你作为一名保险推销员的专业度，同时还能引导客户在自我现状分析的过程中迅速作出购买决定。所以，对保险推销员而言，这无疑是最有用的一手！

下一个规则

玩转潜规则,打通保险帝国路

解析 | 在每一个行业里,都有属于自己的"潜规则"。例如,哪些是不可触犯的? 哪些是必须遵循的? 趁早知道这些,你就可以少走弯路多做事,一路向前闯难关。

每天坚持 6 访或 10 访

Mr. 保险精英
天道酬勤——这永远是推销员最有效的成功之道。

● 6 访 10 访与三七定律 ●

按 照三七定律我们来算一笔账：

假设我们送出了 15 份保单，签约的失败率 70％，成功率 30％，那么，就有 5 份可以签单。

假设这成交的 5 份保单中，每份的第一年度保费是 5000 元，那么，你的所有保单加起来，每月达成的第一年度保费就有 5×5000＝25000 元。

假设第一年度的佣金为 30％，那么，每月的年度佣金就有 25000×30％＝7500 元。

这还是保守的计算。按照这个思路，如果我们的拜访量由原来的每日 1 访或 3 访提升至每日 6 访或 10 访，业绩就可以翻倍。

所以，当你疲劳时、倦怠时，不妨扪心自问：我为什么就做不到每日拜访？我为什么总是在拜访一个客户失败后就泄了气？如果我每天都坚持 6 访或 10 访会有什么结果？

现在开始,请想一想累积客户对我们的好处,并养成每日拜访的好习惯。

• 6 访 10 访与二八定律 •

按照二八定律我们再来算一笔账:

假设我们原本每天能做到 3 访,一个月的拜访量就是 3 访×25 个工作日＝75 访/月。

假设在所有的拜访中,有效沟通的失败率为 80％,成功率 20％,那么,我们可以递出 15 份保单。

而这 15 份保单中,签单的失败率为 80％,成功率 20％,那么,我们最终可以成功与 3 位客户签单。

假设这 3 人,每份的第一年度保费是 2500 元,那么,你的所有保单加起来,每月达成的第一年度保费就有 3×2500＝7500 元。

假设第一年度佣金为 30％,那么每月的年度佣金就有 7500×30％＝2250 元。

假设我们现在能做到每日 6 访,按照以上算法,最终每月可获得的佣金就是 15000×30％＝4500 元。

……

以上同样只是保守的计算。如果我们再努努力,提升客户质量,将其中的一部分客户转变为我们的大客户,那么,我们最终可获得的佣金便是首年度佣金＋季度佣金＋续费佣金……我的一个学员在听了我的话后就是这么做的,结果那一年,还不算公司的各种奖励,他就拿到了 40 万元的佣金。

结论已经很清楚,一日 6 访,有房有车就离你不远了,何况一日 10 访呢?

•【玩转规则三步走】•

既然懂得了拜访，更要懂得拜访中的一些规则，例如，拜访都做些什么？怎么拜访更可取？否则你拜访数量再多也只是做无用功。

■ **第一个规则：时间最需要掌握好火候。**

拜访时，一旦和客户确认了时间，就一定不能迟到，上差下差在 5 分钟之内，以示你的诚意。最好是早到 10 分钟，在进去前，熟悉下资料、整理好仪容，在进入后以最完美的姿态面对客户。切记不要选在刚上班不到一个小时，或者还有半个小时下班去拜访。另外，拜访的时间不宜过长，客户的时间和我们的一样宝贵，无论最终结果成功与否，只要你的拜访达到了最初的目的就可以适时地告辞了，整个拜访时间以 15 分钟以上、1 个小时以内为宜。

■ **第二个规则：选择最佳位置，让你的气场变强大。**

有的推销员对客户有一种畏惧心理，在受到客户邀请进入办公室后，选择一个离客户很远的角落就座，这样不但不利于接下来的业务交流，而且一开始在气场上我们就输了，即便苦口婆心地最终说服了客户，也拿不到一个理想的价格。心理学研究表明，和任何客户的谈判，最好都在自己的地盘进行。如果条件不允许，一定要去对方的地方，那也要尽量让自己和客户保持在一个平起平坐的地位，这样更容易让客户理性地接受你。

■ **第三个规则：简明扼要奔主题，敢于提出要求。**

不要把客户当做"白痴"，不要怀疑对方的理解能力，拜访时开门见山地切入主题就好,感觉客户对一个问题已经彻底明白时,就赶紧转入下一话题,不要把全部精力都放在同一话题上。客户通常都是持"观望"的态度,如果我们不敢提出要求,主动引导他进入下一环节,而是一直停留在一个话题上打转,拜访就会毫无意义。

别不把时间当回事儿

Mr.保险精英

　　无论对朋友还是客户,守时都是一种美德,更是一种尊重、礼貌和信誉。可见,作为保险推销员,要有异常强烈的时间观念。

● 每个人的时间都是金钱 ●

时间就是性命,无端地空耗别人的时间,其实是无异于谋财害命的。

——鲁迅

世界上最快而又最慢,最长而又最短,最平凡而又最珍贵,最容易被人忽视,而又最令人后悔的就是时间。

——高尔基

完成工作的方法是爱惜每一分钟。

——达尔文

合理安排时间,就等于节约时间。

——培根

中外关于珍惜时间的名言数不胜数,但一个相似之处就是"时间就是金钱",可见,不守时既浪费了自己也浪费了别人的金钱。

另外,一个人是否守时,也反映了他的工作态度。一次不守时可以被原谅,时常不守时就会失去信誉。一个没有信誉可言的推销员,哪个客户肯冒险相信你呢?

● 守时带来生意 ●

现在想想,我的第一笔生意就是因为守时而顺利完成的。

那时,我小心翼翼地约见了一位大老板。那天上午,我准备过去时,有位同事刚从我要去的公司回来,垂头丧气地对我说:"我看你还是提前确认一下对方到底在不在再去,以免白去一趟。我去找他们的一个总监,等了半天都不见人,我就回来了。"

我摇了摇头,"没必要,如果我打电话去确认,就证明我不信任对方。如果对方今天真的因为有事不在,而我依然按时到达,我想对于我这样守时、讲信誉的伙伴,他一定会认可我并自觉惭愧,签合同也就水到渠成了。"

就这样,我准时赴约,老板也准时出现在我面前,还不到半个小时,我的第一笔保单就卖出去了。

没有哪个客户喜欢说一套做一套的人,明明说好某个时间到,但总要迟到几分钟,相信一笔生意过后,客户再也不会来找你了,因为守时是保险精英最基本的职业道德。

●【玩转规则三步走】

"守时"这两个简单的字,做起来并非那么简单。如果你想通过守时、建立信誉、获得尊重、赢得成功,就要遵守以下这三个方面的规则。

■ **第一个规则：强化时间观念。**

要想做到守时，首先要强化时间观念。我们不妨从调整手表的时间开始，无论在家里还是在办公室，在你的视线范围内，多放几个时钟，并且调好时间。这样，每当你看一次时钟，就会下意识问自己：自己接下来有没有客户需要拜访、是不是应该开始准备了，等等。这样就会避免出现不守时的拜访，也会在无形中强化自己的时间观念。

■ **第二个规则：让每件事都提前 10 分钟。**

如果你的上班时间是上午 9:00，不妨暗示自己 8:50 开始工作，而不是 9:00。如果你能做到这点，在你作准备时，就会在潜意识里将一切事情提前做好。这样一来，即使发生意外情况，例如交通拥堵，你也能保证按时到达。宁早勿晚的习惯会让领导和客户都向你竖起大拇指。

■ **第三个规则：定期评估每件事的耗时程度。**

很多时候，推销员不守时并非故意而为，只是在一些不重要的事情上花费了太多的时间，而在大事上总晚半拍。这时，我们就需要重新评估以往做事的耗时程度，看看哪些事耗时较多，找出那些事中最为耗时的环节，分析并加以改进。这样也能对自己执行每件事的时节点有十足的把握，对今后的计划安排、时间预算也很有帮助。

信誉是一种能力

Mr. 保险精英

信誉不仅是一种品德，更是一种能力的体现。

● 没有信誉隐患多 ●

你去超市买东西，如果发现手中的商品在前不久刚刚被报道指控有质量问题，你会不会立刻放下，而去挑选其他有信誉保证的产品呢？

答案是肯定的。其实，在我们的推销过程中也是一样，如果你没有信誉保证，客户在拿到你的产品时也会有上述想法。

毕竟，产品不是万能的，如果我们丝毫不关心自己的信誉，只是为了卖掉产品而恣意夸大其功能，无疑会给日后的推销埋下隐患。因为，没有人再敢相信你。

● 信誉让你走得更远 ●

在我刚入行的时候，老师告诉我们：在美国，七成以上的客户之所以从推销员那里购买产品，并不完全是因为喜欢产品，还因为客户喜欢你、信任你。

我曾这样告诉我的学员们：要做好的推销员，先要做一个好人——一个有信誉的人。

不只是推销工作需要信誉，做人做事也是一样，信誉无处不在，无时无刻不影响着我们的前程。可见，要想成功，信誉是最好的催化剂，它会使你的推销路走得更远、更好。

•【玩转规则三步走】•

推销员该如何向客户展示自己的信誉，让客户感受到你的真诚呢？下面的规则有助于我们成功打造自己的信誉。

第一个规则：实话实说，不夸大事实。

时下，人们越来越喜欢那些"实在人"，似乎唯有从他们口中才能获得最真实的信息。有的推销员总喜欢夸大事实，毫无分寸地吹牛、说大话，往往客户买了产品后发现，产品的功效和推销员当时说的根本就是两样，阵阵被欺骗的感觉涌上心头，于是决定再也不购买那个推销员的产品了。所以，一个明智的推销员，不会夸大事实，更不会扭曲事实，而是有一说一，即使产品有缺陷，也会以恰当的方式向客户说明，这样客户不但不会抗拒，反而还会因为推销员的诚意而接受产品。

第二个规则：服务有耐心，三思而后言。

很多时候，信誉的下降都是由于推销员一时冲动造成的。例如，明明是你不太会说话，表达能力较差，说了半天也没有表达清楚产品的要点，结果客户急了，言语表示出不耐烦，而你也忍不住抱怨了客户一番。结果，客户因为你态度差、服务差而对你失去了信任。所以，即使你一时半会儿不能表达清楚也不要紧，重要的是要有耐心，凡事三思后言、三思后行。

■ 第三个规则：推销人有所为、有所不为。

勿以善小而不为，勿以恶小而为之——几乎人人都懂的一个道理，却不见得人人都能做到。推销工作有时并不是我们一个人完成的，需要与同事、团队配合才能达到目标。其间，你有可能会遇到同事为签单而对客户撒谎、请求你作掩护的事情，你自认为这无伤大雅，还可以提高团队效益。殊不知，在无形中已损害了自己的信誉，如果获得利益要以破坏自己的信誉为代价，那这种利益还是不要为好。

比狮子老虎都要强猛

Mr.保险精英
　　狼性销售中讲求推销员的爆发力,并且一定要比狮子老虎都要强猛。

● 再勤奋的绵羊也赛不过无所畏惧的老虎 ●

心理学研究表明:一个人在没有经历某件事之前,总是会先自我暗示一番,而这种暗示通常是消极的。

例如,我们要到达河对岸,如果走的是平地,就很容易过去;如果需要踩着石头过河,我们就会感到害怕,心想:我会不会掉下去?

而在这样的心理暗示下,往往越想就越害怕。

保险推销也是一样,我发现有一部分推销员害怕与客户打交道,新人尤为明显。他们虽然很努力地学习专业知识和技巧,却忽视了如何克服恐惧这个问题。实际上,很多推销了多年的老业务员也是如此,他们的专业技能可以说已经到了出神入化的地步,唯有内心的恐惧,却始终克服不了,他们就像是一群努力的绵羊,但终究战胜不了无所畏惧的"老虎"。虽然"老虎"不一定非常努力,但却因为敢想敢做、勇于尝试,而比别人多了一份成功的机会。

• 致命的胆怯 •

我的一位学员曾经非常怯场,有一次,在去见客户的路上,他就开始忐忑不安,自己在脑海中幻想了无数个画面,但唯独没有成功的画面,越想心情就越沉重。结果到了客户办公室门口,他连敲门的勇气都没有了,在门口站了半天,突然有人来开门,原来正好是约见的那位客户。他跟着客户进门后,客户对他十分热情,这让他更加紧张,最后都不知道自己在说些什么了。眼看到手的生意就这样泡汤了……

可见,胆怯对推销工作的影响无疑是致命的。当你在客户面前语无伦次、面红耳赤的时候,客户就会觉得你不够成熟,业务不够熟练,从而对你失去信任。但事实上,你并非专业技能不过关,只是无法战胜内心的恐惧。

•【玩转规则三步走】•

只要你决定加入保险这一行,就绝对不能再做那只只知道努力的绵羊,而要做一只充满爆发力和气场强大的狮子或老虎,当然,你更要遵循以下规则。

■ 第一个规则:相信自己才能战胜自己。

怯场其实就是源于内心的不自信。"相信自己"这四个字我们每个人都很容易说出口,但却很难做到。而在推销的过程中,相信自己并不仅仅是要相信自己的专业能力、办事能力,更要相信自己选择这一行的正确性,相信自己的推销能够给客户带来收益和福利,相信自己一定能够成功推销出产品。换言之,我们要把那些消极的暗示变成积极的鼓励,让自信心随着我们的自豪感不断上升。

■ **第二个规则：无论得失，都保持一颗平衡的心。**

怯场的另一个原因在于推销员之前遭遇过很多挫折和失败，失去了很多应该得到的东西，以至于再去为某样东西奋斗时就有了"阴影"。所以，我们要尽量保持一颗平常心，不要因为看见别人都比自己成功就觉得不平衡。特别是当我们第一次拜访客户的时候，不要把得失看得太重，只要与对方建立起业务关系，你的初步目的就已经达到了，万万不可急于求成。

■ **第三个规则：在心情放松的前提下提高你的音量。**

举个简单的例子，我们在和别人吵架时，总是会不由自主地提高音量，这是因为我们想用声音盖过对方，对对方施压。所以，要想战胜恐惧心理，我们不妨先简单和对方寒暄几句，把对话建立在一个轻松的氛围里，让心情得以放松，再适度地提升音量、放开声音、大声交谈，甚至可以和对方开个小玩笑，然后自然而然地哈哈大笑起来。这些都会有效缓解我们的紧张情绪，恐惧自然就会抛到九霄云外了。

油嘴滑舌最得罪人

Mr.保险精英

业绩第一的推销员从来都不是最会说的一个。

● 油嘴滑舌最可怕 ●

油嘴滑舌的人通常给人这样的印象:

胡乱地幽默,但没什么真材实料;

到处拍马屁,现场听着感觉不错,过后觉得这个人很假;

说的比唱的还好听,但到真正执行的时候就没了他的踪影

……

并不是所有的客户都喜欢听好听的话,也并不是所有的推销都需要口若悬河才能成功。其实,有时候开玩笑和油嘴滑舌仅一步之遥,幽默如果过了头就会变成"拿客户开涮"、油腔滑调,招致客户的反感,推销的结果也注定是失败。

● 不小心业绩第一 ●

我曾见过两种推销员:

一种是用嘴销售的人。他们总是振振有词、说个不停，甚至到最后客户都不得不说："我没时间了，你快走吧。"这样的推销员，业绩一直不理想。

另一种是用心销售的人。他们虽然少言寡语，但只要开口就肯定是靠谱的话。其实他们的时间都用在思考怎么开发客户、为客户服务上了。这样的推销员，一不小心就拿了业绩第一名。

那些油嘴滑舌的推销员总是一厢情愿地认为自己把客户逗得很开心，客户愿意和自己做朋友就一定会买产品。清醒过来吧，没有人会轻易相信一个只会嬉皮笑脸的推销员。这一点，刚入行的新人们一定要引以为戒。

●【玩转规则三步走】●

看来，油嘴滑舌并不能让我们的业绩大增，反而害我们招致客户反感，结果不是丢了单子就是得罪了客户。不如从现在起，从以下规则入手，改掉油嘴滑舌的毛病吧！

◪ 第一个规则：做事不想当然，凡事多一分诚恳。

改掉油嘴滑舌的问题，首先就要让客户看到你做事的态度不"滑"，否则光嘴上说着自己"真心"，行动却依旧"滑溜溜"，谁会信你呢？

推销并不在于客户是否肯买单，而在于你是否诚实，能否为客户办实事，这样你才会做成保单并把客户留住。

◪ 第二个规则：做事不打马虎眼，凡事亲力亲为。

你有没有过这样的感觉，那些油嘴滑舌的人从来都是说得好听、做得难看，他们总是轻易地就对客户作出各种承诺，结果却总是要客户反复催，他才开始执行。而这样的人，只要合作一次，客户便不再抱有期望了。所以，既然你能说到就一定要做到，用亲力亲为代替打马虎眼，这样客户才会感觉你的承诺是一种责任和行动，而非"口头禅"。

■ 第三个规则：做事不只从自身立场出发，凡事多为客户着想。

　　油嘴滑舌的推销员看似每一句话都是在为客户好，但事实上，其出发点却是自己的立场和利益。我们要杜绝这样的情况，凡事为客户着想，才能让客户不断地增加对你的期望值，进而购买更大的保单。当然，这要从了解客户的购买动机做起，这是推销员不得不做的一个细致活，因为只有全面了解了客户的需求，才能站在客户的立场为其着想，否则一切都是"空谈"。

别把客户分成三六九等

Mr. 保险精英
　　业务有大小，客户却不分等。一视同仁是最好的客户管理法则。

● 对客户不要"嫌贫爱富" ●

我在从事推销工作之前，曾对一位"看不起"我的推销员大为光火。

那是一个老年保健品的推销员，由于他推销的产品在当时非常火，我也想给父母买一份。有天正好赶上那个产品做展销会，于是我去了。

没想到，现场比我想象的场景还火爆，我一大早去排队就已经被甩在了队尾，结果排到下午都还没轮到。

这时，突然有一辆豪华轿车停在离我不远处，据身边的人说是某厅长的儿子。只见那位推销员一路小跑过去接见，并直接将其带入展台，原本我以为这是多么重要的大客户，最后见这位"贵公子"不过也就是拿着一盒产品出来而已……

于是我转头就走，决定再也不买这家产品。我发现，很多人也和我一样，纷纷掉头离开了……

虽然销售中的二八定律讲究80%的业绩来自20%的大客户，但这并不代表推销员就可以因此把客户分成三六九等,"嫌贫爱富"的推销员终究会被客户唾弃。

● 再普通的客户也是"上帝" ●

倘若你想把客户分等级,请先问自己下列问题:

如果我抛弃小客户,那么我每个月能保证做成多少个大客户?

如果我连小客户都没有,大客户会怎么看我?

如果我只做富有的大客户,能保证每个月完成任务吗?

……

如果你不能肯定地回答这些问题,说明你并没有十足的把握只做大客户,你依然离不开小客户。事实上,客户是可以用大小区分的,只是有些推销员因此误解了其中之意,按照自己的逻辑把大小客户分成了不同等级,以为级别越高的客户就越有利可图,其实这种想法是不可取的。

要知道,再普通的客户也是你的"上帝",集腋成裘,倘若你能把普通客户做到位,还愁没有大客户找上门吗?更何况,即使你去找大客户,倘若没有小客户的资源累积,对方看不到你之前的业绩,也不会轻易相信你。

● 【玩转规则三步走】 ●

一视同仁是最明智的对待客户的模式,客户也会因为你的平等待人而愿意与你合作。那么,一视同仁应该遵循什么规则呢?

■ 第一个规则:无论大小客户,一律主动欢迎。

有些推销员对待自认为不同等的客户,欢迎的方式也大不相同。例如,看见大客户上门,就立刻开始围着大客户转,甚至提前安排好欢迎的场面,完全没有考虑如果被普通的客户撞见这样的场景,对方会作何感想。

相反,小客户主动找上门,推销员可能一副不冷不热的姿态,丝毫让人感受不到尊敬,这样只会失去客户和自身口碑。所以,无论对待什么样的客户,我们都应该主动欢迎和接待,而不是根据"人物大小"定排场。

■ **第二个规则:无论大小客户,一律主动寒暄。**

寒暄客套应该是推销员最基本的沟通方式,所以请不要说你不会寒暄,关键是,你寒暄的对象和方式是否正确。不妨回头看看自己,是不是在大客户面前,总是把自己和产品都介绍得很详细;而对于那些小客户就"保持距离",往往一句"这是我的名片,您看看"就再没下文了,一副"这单子成不成对我都没有影响"的态度。殊不知,你这样做已经在无形中流失了客户。

■ **第三个规则:无论大小客户,一律主动展示。**

不管是什么客户,推销出去保单就是保险员最大的目标。而对客户而言,最关心的始终是产品本身。所以,在和客户初步寒暄完之后,我们应该主动带客户进入产品展示的环节。值得注意的是,不管是谁请求参观公司的展示区,都要尽可能满足对方的要求,即使有原因无法带其参观,也要向对方解释清楚,不要让客户觉得是因为自己不够级别,所以才不对其开放。不要小看客户的看法,一丝隔膜都会导致我们接下来的推销失败。

精英之道：保险推销员常犯的 30 个错误

知错还能再改，怕就怕已经犯了错误都还不知道，改正也就无从谈起。

请对照以下错误，并及时自省，保证不再犯第二次。

1. 自身定位错误

2. 认错客户，叫错姓名

3. 仪容不整

4. 着装不合体，让人觉得别扭

5. 男性推销员西装搭配不协调

6. 女性推销员着装不得体

7. 用左手和客户握手

8. 拜访前准备不充分，正式拜访时卡壳

9. 专业知识不过关，一问三不知

10. 从不倾听客户的心声和建议

11. 面对客户拒绝,轻易放弃

12. 受理客户要求,轻易妥协

13. 在客户面前说竞争对手坏话

14. 开场白失败

15. 介绍产品不够简洁、清晰

16. 总把自己的思想强加给客户

17. 总想试图强制客户购买

18. 受不了客户的抱怨

19. 对客户的投诉置之不理

20. 不敢向客户提出转介绍

21. 对产品信心不足

22. 签单时不注重细节

23. 推销过程中心态失衡

24. 过于自卑或自傲

25. 递送保单失误,造成客户损失

26. 不敢正视自己的错误

27. 责备客户多事

28. 对理赔极不耐烦

29. 出问题时害怕担责任

30. 不能达成二次销售

下一个精英之人寿险

卖的是解救人生风险的急用现金

解析　人寿保险其实是为未来无法预料但可能发生的突发性风险提供的一种保障,在我国属受众面最广的一个险种。卖寿险和卖普通商品有颇多相似处,关键是要有"准客户"。

避免一开始就遭到拒绝

Mr.保险精英

> 卖人寿险，从被拒绝开始；卖好人寿险，从避免被拒绝开始。

几年前，由于人寿保险在中国的销售模式尚未成熟，售后服务有限，给很多投保人留下了阴影，对保险产生了不信任与怀疑的态度。加之人寿险是关乎人身性命的特殊险种，投保人并不轻易买账。

遭到拒绝几乎是每个保险推销员都会遇到的问题，但如果你想要成为一名保险精英，就要练就避免遭拒的本领。而避免遭拒的过程不仅反映了推销员是否有强大的内心，也反映了推销员是否具备与客户沟通的基本技巧和能力。总之，避免一开始就遭到拒绝是你的必修课，但在此之前，你应该通过下面两个小故事了解自己为什么在一开始就会被拒绝！

现场直击

推销员：您好，不知您对寿险是否感兴趣，请看下我手中的这份计划书！

客户：我太太说，她对保险一向不怎么感兴趣，我干嘛买来自讨没趣呢？

推销员：您太太喜欢与否和您的态度并不发生冲突，您不妨再考虑下？

客户：暂不考虑。

推销员急着继续说："这么跟您说吧，每个人的一生都要经历生老病死，但这些不会等我们做好了准备才发生，或许您此前对寿险存在一定误解。"

客户："这我知道，实话告诉你吧，我有朋友在寿险公司工作。所以，就算我想买寿险，我为何不找我朋友而找一个陌生人呢？"

推销员没辙了……

可以看到，当客户以太太作为挡箭牌时，这位推销员通过转移话题绕过了拒绝。但当客户以做寿险的亲朋好友为挡箭牌时，推销员却没辙了。

当然，使推销员被拒之门外的原因有很多，但最主要也最容易被忽视的一点是推销员专业知识准备充足，但对被拒绝时的应对话术准备不足，以至于不能灵活变通，在连遭几次拒绝后就乱了阵脚，方法全无。

"您好，我是人寿保险的代理人，买我们的人寿险，您就相当于多捡回来一条命，您一定不能拒绝……"保险推销员张子豪在第一时间对客户老张如是说。可就因张子豪的一句"您一定不能拒绝"让老张感到十分别扭，心想：凭什么要求我一定不能拒绝？我买了之后会不会有什么后患？另外，那句"多捡回来一条命"也让老张犯怵，于是老张毫不犹豫地拒绝了张子豪："小伙子，照你这么说，莫非我这条老命还掌握在你手里喽，你还是去找别人吧……"

保险推销员不恰当的开场白是一开始就被拒绝的另一大因素,可见,张子豪缺乏一定的沟通技巧是他不战而败的根本原因。而如果有一个好的开场白,销售则成功了一半。否则,就算推销员费尽唇舌也还是会遭到客户拒绝。

方法践行

以上两个卖保险的小故事不但揭示了销售特殊险种的不易,同时也告诉想成为保险精英的朋友们:没有哪个推销员是没遭遇过拒绝就取得成功的,但方法找了就会有,勇于尝试才有成功的可能。试用以下方法拉近与客户的距离吧,让对方一开始便无法拒绝你!

搜集各种寿险被拒处理方式,做万全话术准备。

很多推销员对于寿险的专业知识及推销技巧可能早已烂熟于心,但对于寿险销售过程中被拒情况的应对技巧却"不甚了解"。例如,第一个案例中的推销员在连连遭拒后就没辙了,无形中增加了客户的流失率。所以,做好寿险工作的第一步是要做好万全的话术准备,尤其是被拒时的话术。比如第一个案例中的客户最后说自己有做寿险的朋友,这时,我们不妨这样说:"难怪您对寿险如此了解,原来是您朋友的功劳啊,不过这与您为自己选择一份最合适的寿险产品并没有太大联系。想必您是需要一位专业、敬业、高素质的推销员,而您一定又不想麻烦朋友,所以请允许我暂时代替您朋友的位置。而且,我们是因为寿险业务相识,所以您完全不用感到麻烦,尽管提出要求,在这个合作过程中,我相信我们也会成为朋友。"相信客户听了这样一番话,不但会因此消除对寿险的误解,还会因友善的氛围而对作为寿险推销员的你刮目相看。

◾ 创建友好的第一印象，打破尴尬氛围。

很多时候，实话实说的亲民法的确好用，但类似案例中张子豪"多捡回一条命"的毫无水准的大实话就不要说了。给客户一个好的印象，才可能避免一开始就被拒绝。而创建友好印象的方式有很多，例如，可以绕开人寿保险的话题，问候客户的身体状况；也可以先引导对方开口，然后接着对方抛过来的话题顺势聊下去，慢慢挖掘出客户的兴趣，把对方当做一个久未谋面的老友一般聊天，笑谈间找一个合适的时机再插入人寿保险的话题，这样要比一个陌生人单刀直入主题更容易被客户接受。

◾ 主动沟通，别让客户的误解加深。

当客户为你打开门的一瞬间，无论是你的仪表，还是微表情，所有的表现都会定格在客户的心里。或许你表现得滴水不漏、毫无差错，但客户依然不买账立刻关上了门。这时，正确的做法既不是站在原地反思，也不是就此收手，而是主动再次敲开客户的门，化解此前的误会。这时，推销员不妨扮演一个贴心顾问的角色，先询问对方最近是否有烦心事，其家人是否都健健康康，当客户渐渐张开金口愿意向你倾诉的时候，你已成功了一半。这时，你要倾听客户的牢骚，并主动与其互动，适时给出意见。总之，主动去和对方沟通，用真诚打动客户，而不是让客户对产品的误解加深。

设计好开局名片：寿险计划书

Mr. 保险精英
　凡事预则立，不预则废。精心的设计
准备将更添成功筹码。

我们似乎总是在做计划，试图改变未来，但未来的样子从来都不曾按照我们设想的模样出现——这是很多保险推销员的观点之一。其实不然，这就好比我们从 A 地出发去往陌生的 B 地之前，总要查好地图、公交路线一样。而做这样一个简单的准备，不但能节省途中问路的时间，更能给自己忐忑的心吃一颗定心丸。

心理学研究表明，让一个销售人员去卖自己熟悉的东西和卖自己从来没接触过的东西，前者创造的营业额要比后者高出 5～6 倍。可见，只有当你对自己要做的事情先有个数，才更有把握去做好它。而把这一理论应用到卖人寿保险的实践中，主要体现在开局——设计好寿险计划书，绝不让自己输在起跑线上。

但问题是，你如何设计，才会事半功倍呢？或许，你会从下面的小故事中找到答案。

现场直击

陶冶是个不太爱说话的推销员,他也一直认为这是自己的一大软肋,只是,他从未就此放弃说服每一个最初并不看好寿险的投保人。

虽然他不擅长说,但他却非常善于写,他有一个成功的秘诀就是总能用一份完美的寿险计划书获得客户的好感。但事实上,他只是在计划书的基本信息后面附加了一条保险期满后相应年限客户可以拿到的保额,因为他觉得把客户最为关心的问题在开场就摆出来更能赢得客户的心。而陶冶就是用这样一个细节,征服了无数个投保人。

可见,开局名片设置的好坏并不在于其中的内容有多全面,而在于推销员能否从中选取重点,列出在一开始就能吸引客户眼球或消除其内心疑虑的东西来,这样真实可见的一份数据要胜过你的十句"空口言"。

"请您看下我专门为您设计的寿险计划书吧?"保险推销员陆羽对客户如是说。

但客户却只是粗略地翻了翻就把计划书扔给了陆羽,陆羽一头雾水,不禁问客户:"怎么,难道您不满意?"

客户面露难色,但还是诚恳地解释道:"不是我说,虽然内容看上去蛮丰富的,但我还没有看具体的内容,就已经被这横一道、竖一条的格式弄得眼花了,竟然还是手画的格子。小伙子,玩创意也不能这么玩哦。说难听点,连最基本的细节你都做不好,我还能指望你今后为我做什么呢?"

的确,陆羽的初衷只是想玩点新花样,试图为客户呈现一种新鲜感,但却忽略了专业度,画出来的东西不被客户认可,结果适得其反。看来,这"名片"的格式设置也是很有说头的。

方法践行

通过这两个小故事，我们不难发现，要想设计好开局名片，重点在于做好细节工作。推销员要做的不仅仅是充实内容，突出重点内容，更要对最基本的格式不能放过。那么，具体应该怎么做呢？

设计好格式呈现美感，让客户感到你的专业。

"格式有什么好设计的，内容丰满不就行了，是金子难道还怕不发光？"如果你这么想就错了。格式虽然是设计计划书里最微不足道的一个细节，但倘若小事都做不好，又何以成大事呢？其实，设计好格式并不难。首先，文字、表格要一应俱全，格式设置要突出你想要表述的重点内容，特别是时间进度，例如，在不同的周期内，保险人与被保险人的义务，等等。另外，最好用图解呈现时间进度，让计划书看上去易懂而整洁。

其实，随着现代人品位的提高，有时客户对于美感的要求往往超乎你的想象。特别是容易让客户有偏见的人寿保险，想让客户完完全全接受它，不下工夫是不行的。记得我有一位保险代理人朋友去约见一位客户，本来对方对他的产品很有兴趣，但就因为客户翻开计划书就感觉格式太乱了，无重点、无层次，更无美感，最终又合上了计划书，交易也就此告吹。很明显，我那位朋友给客户计划书是想表达自己周到细心的服务，对客户而言本是件好事，但却败给了细节。

重点问题重点标识，在一开始就让客户消除疑问。

越是有争议的险种，客户的疑问就越多。倘若你能在第一时间解决这些疑问，那么，客户自然会给你一个理想的印象分。相反，如果客户在一开始就心怀疑虑，即使你用100％的真诚与其交流，他也不见得会向你敞开心扉，如此一来，就对后期的销售工作造成了重重阻碍。所以，在你的计划书中，除了要体现人寿保险最基本的要素，更应该设置详细的问答环节。例如，对于人寿保险中容易混淆的概念可以重点解释；投保流程中容易引起客户误解或难于理解的地方应特殊说明。甚至，推销员可以通过讲故事的形式，将重点内容融进案例故事中，让客户在生动的阅读过程中加深理解。总之，越是敏感的问题越不能逃避，不要试图在问题产生后再挽回客户的心。

■ 问题处理办法先做说明，日后不做费力不讨好的事。

事先解决的问题越多，事中促成寿险交易的时间越多，事后就可以更好地为客户作售后服务。之前有一位卖保险的同事总是向我抱怨，客户总说他"这个问题你怎么不提前和我说好，现在向我解释有什么用，我合同都已经签了，还能指望你退款吗？"事实上，只是很小的一个问题，但由于同事事先疏漏没有说清楚，导致客户买完人寿保险后出现了对条款理解上的偏差和分歧，不论我那同事再怎么好心弥补，人家也不领他的情了。

人寿保险细节纷繁复杂，推销人员在工作中有所疏漏也是在所难免的，但对于客户而言，这就是推销员不称职、不负责的表现了。所以为了避免不愉快的事发生，避免做费力不讨好的无用功，在事前就应把各项问题处理办法、条款一一列清并说明。当然，这也是讨好客户，让他一开始就感受到你的诚意的好办法。

引导客户消除对寿险的误解

Mr. 保险精英

存在误解和偏见并不可怕,可怕的是你连打破这种偏见的勇气都没有。

很多保险推销员都害怕跟客户说:"您好,我是人寿保险代理人。"因为这一句话很有可能迎来客户鄙视的目光,甚至是讽刺,"你是卖保险的呀?不就是厚脸皮、四处骗钱的吗?我看你也挺像。"

面对这样的"泼冷水",推销员通常顿时哑口无言,一句关于"人寿保险"的话都挤不出来,甚至大脑一片空白,往往只顾着茫然无措,而忘记了此时推销员最应该做的——引导客户,打破对人寿保险、对保险推销员的误解。否则,你的销售将如下面的小故事中的主人公一样遭遇不幸。

现场直击

推销员:"您好,我是×××人寿保险公司的代理人。"

客户:"×××?没听说过啊,肯定是哪家还没注册的不正规企业吧!"

推销员:"您这是怎么说话呢,给您看看我们公司的资料好了。"

客户："你什么意思,我怎么说话关你什么事,不用看了,我可没时间看你们那些废纸。"

推销员大怒,和客户争论不休,最终大吵一架,不欢而散……

很明显,这位推销员遇见的是一位对人寿险本身存在误解的客户,所以说话或许有些刺耳,但推销员的错误是明知对方不看好也不想办法引导客户消除误解,更没有收敛自己的脾气,而是和客户对着干,最后既丢了单子也丢了客户。

于晓磊和秦飞是一对要好的姐妹,去年两人同时进入某知名保险公司。只是,一年过后,两人的业绩却大幅度拉开了距离。

原来,于晓磊平时就不太爱说话,加之很多客户对寿险误会很大,常常是还没等于晓磊解释,对方就大发牢骚甚至爆粗口,这让内向的于晓磊很是受不了,渐渐地有了心理阴影。一年过去,她始终也没有克服心理的障碍。

相反,秦飞性格比较开朗,虽然最初业绩也不怎么样,但她依然往返于各地,通过各种营销方法达到了宣传寿险的目的,也有越来越多的客户接受了她推荐的业务。

江山易改本性难移,销售业绩固然和推销员的性格有一定关系,但这绝不是推销失败的主要因素,更不足以成为推销员回避缺点并且不加以改正的借口。就像秦飞一样,可以允许自己的业绩在最初不怎么样,但绝不允许自己就此放弃做改变客户看法的努力,打破销售的冷场。

方法践行

从上面两个小故事中不难看出,其实大部分客户或多或少地都对做寿险的推销员存在一定误解。对于这种情况,是和客户"智慧交锋",还是一走了之,成了推销员们销售成败的决定性抉择。现实中,类似第一个案例的推销员并不少见,觉得自己一点气都不能受,否则就是吃了大亏,但事实并非如此,那样做的结果往往是两败俱伤。那么,推销人员到底应该怎么做才对呢?

■ 藏起内心的傲气,不和客户对着干。

有很多不够理智的保险推销员,在和客户发生口角时,特别是在情绪坏到极点时,容易发生和客户对着干的情况,这样做的后果不言而喻。可能很多推销员会说:"流失一个客户不算什么,但总不能让自己受委屈吧?"但你有没有想过,如果你失去一个这样的客户,就可能失去第二个。毕竟,客户代表的不仅是个人,更代表一类客户群体,你只有从整体上把握住了这类群体,才算是真正把握住了客户。话说回来,与其和客户吵个不停,不如心平气和地解决问题。藏起心中的傲气吧,小不忍则乱大谋,如果你一个客户都不能忍,又何以得寿险的"天下"呢?

■ 克服自我心理障碍是卖好人寿保险的前提。

要想彻底消除人们对一件事情的误解,有时并不是一个人的努力就能解决的,而是需要整个社会的努力。但在此之前,当事人首先一定要克服自我心理障碍,否则,如果连自己对寿险都存在一定的误解,又怎能去说服别人呢?唯有自己克服了对寿险的偏见,才会有破茧成蝶的力量,寿险在自己心目中的"专属位置"也才会更加牢固。请不要再一边卖寿险,一边对着自己嘀咕:我真是不适合做人寿保险。误解看似是一道壁垒,但并非无坚不摧,而你一旦克服了障碍,跨越了它,它就会成为助你一臂之力的跳板。

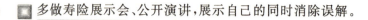

■ 多做寿险展示会、公开演讲，展示自己的同时消除误解。

客户之所以对人寿保险存在误解，很有可能是对寿险推销员的销售方式有一定误会。事实表明，当客户对推销员完全信赖时，任何原有的误解都是可以随之打破的。所以，推销员首先要想办法扭转客户对自己的看法，例如，平时可以多做一些关于人寿保险的展示会、公开演讲，不要认为这些舞台只是一些保险大师才配得上的专场，只要你做到位，同样可以转变人们的传统观念，顺便还能利用这些形式展示自己丰富多彩的一面，提升自信心的同时也在公众前树立起了形象，这样更便于今后开拓客户。

这样获取转介绍的保单

Mr. 保险精英

不要小看转介绍，这是获取客户的最佳来源。

寿险推销员往往存在这样一个心理：好不容易那个客户被我说服了，我还麻烦人家干什么呀？搞不好人家一烦心起来，连现在的单子都保不住了呢？

话是这么说，但别忘了，开拓新的客户是比较难的，而说服其他人最好的办法是让你的客户去为你做"口碑营销"。因为，他才是寿险的体验者、当事人，对于其他客户，他是最有发言权的。所以，看看下面的小故事，你就会了解，转介绍对推销员而言其实很重要。

现场直击

某外企的林总已经是寿险推销员张帅的老顾客了。月底将近，此时的张帅还差 10 个保单才能完成本月任务。于是张帅想：反正和林总已经很熟了，能不能想办法让他给我推荐几位客户呢？就这样，张帅前去拜访林总。

张帅："不知林总最近身体可好啊?"

林总："呦,客气啦,托你的福,还不错!"

张帅："那您的亲朋好友呢,都还不错吧!"

林总："唉,别提了,昨晚我的弟妹出车祸了,我把他们送到医院垫付了一大笔医药费。这不,折腾到今早我才回来,有个重要会议没赶得上参加,不过好在弟妹没事了。"

张帅话锋一转:"那您弟妹像您一样买人寿险了吗? 要是买了保险就好了。"

林总："你还真别说,因为此事,我也正要找你呢,这回我一定要劝弟妹也投一份保单。"

就这样,张帅成功获得了一位转介绍的客户。而在接下来的聊天中,林总又介绍了 10 位客户给张帅。到月底,张帅终于圆满完成了任务⋯⋯

可见,推销员一个人的力量是有限的,但别忘了,买寿险的客户通常都有亲朋好友,他们的力量是不容小觑的。所以,每个推销员都应该像张帅一样,找不到客户时就要及时转换思路,学会从客户手里获得客户。

推销员李峰和客户张经理正在一家高级西餐厅用餐,其实,这次已经是李峰本月来第三次请张经理吃饭了,难怪张经理侃侃而谈、眉开眼笑。

但事实上,李峰之所以请客,是因为张经理帮忙在先,并且三番五次地给自己推荐客户,让李峰的生意大好。所以,李峰请张经理吃饭,不仅仅是为了向其表示感谢,更要借机大大增进与张经理的感情,张经理也因此向李峰推荐了更多的客户⋯⋯

李峰的做法可以说是一箭双雕,不但和张经理搭建起了友谊的桥梁,同时还通过这座桥,看到了更远的美景,获得了更多的转客户。看来转介绍是开发客户、提高行销效率的重要途径。

方法践行

通过这两个小故事，我们可以发现，寿险的市场犹如一座金矿，然而金矿中有很大一笔金子都暗藏在转介绍的市场中。那么，推销员应该如何在这片金矿中"掘金"呢？如何才能取胜呢？又有哪些注意事项呢？

▣ 为客户提供具体的客户范围，获得客户肯定。

当客户好不容易被推销员说服，提供转介绍时。客户问："你需要什么样的客户呢？"推销员却回答："嗨，随便啦，什么样的都行！"这样一句随便的回答让客户感到最尴尬的局面。所以，要尽可能提供给客户具体的范围，并逐步在和客户的谈话中引导对方向你进行转介绍。例如，你可以说："刚才您有好几次都提到了您的同事王经理，您能多向我介绍一些他的情况吗？"这样很自然地表达你希望转介绍的要求，比起突然的询问更能获得客户肯定。

▣ 尽可能多地获取转介绍名额，并借机增进与客户的感情。

每个推销员都知道，获取转介绍的名额越多越好，但同时也担心要求太多会遭到客户的反感。事实并非如此，你要求客户介绍得越多，说明你越信任客户，所以多让客户帮忙反而能增进和客户之间的感情。所以，当你顺利获得第一个转介绍名单后，不妨继续询问："不知您是否还有其他像王经理这么优秀的朋友呢，也可以介绍给我认识？"问完后，一定不要盯着客户看，让对方误以为你很紧张，也夺走了对方的思考空间。你不妨先身体后靠，稍稍保持沉默让自己放松，等待客户的答复。如果客户说"想不出来"，也不要勉强，而只需要安慰他"不着急，有机会再说"。

■ 及时消除客户顾虑并真诚表示感谢。

很多客户在被要求转介绍的过程中都有一定顾虑,怕因为自己而危及朋友的利益,甚至怕你处理不当而伤害他们之间的感情。对此,我们要及时消除客户这样的顾虑。例如,在获得转介绍人名字时就说明:"张总,您放心,我会先寄一封信给王经理,全面介绍我自己,并会提及您和我签订过的寿险保单。然后我才会给他打电话,看是否愿意见面谈。如果对方不愿意,我绝不会死缠烂打惹您朋友生气。当然,最终我更会尊重您朋友的选择。"当你把对转介绍人的处理方式和盘托出时,客户除了会认为这是你对他的尊重外,还会乐意进一步为你介绍转介绍人的信息。另外,当你获取了丰富的信息后,别忘了向客户表示真诚的谢意,并表示会尽快将与转介绍人的洽谈情况及时反馈给对方。

储备好高质量的准客户

Mr.保险精英

如果没有储备好高质量的准客户,纵使有行销绝技也将英雄无用武之地。

准客户虽然算不上是寿险推销员的衣食父母,但却一定是推销员最宝贵的资产,也是巨大的金矿。可以说,寿险行销的起点便是开拓你的准客户疆域。

特别是对于一个推销新人而言,储备准客户是开创寿险事业的基石。从一开始,你就应该拿出 $50\% \sim 70\%$ 的时间用于寻找准客户。简单地说,你最终收入的多少、业绩的大小都取决于你拥有的准客户的质量高低。并不是所有人群都适合成为你的金矿,你只有通过筛选客户,才能找到符合自己条件的真正的金子,从而不断扩大自己的营销网络,找到成功源头。

现场直击

林立前些天差点就被老板开除了,这究竟是为什么呢?

其实，林立刚刚成为一名正式的寿险推销员，对业务还不是很熟练，客户自然少得可怜。有几天，他每天都坐在办公室和别的同事抱怨："我的客户在哪里啊？"有一次，被刚推门而入的老板撞见了，老板大怒："你不去找客户怎么会有客户？你有什么资格在这里抱怨。与其花钱养一个只会抱怨的员工，我还不如不雇你！"

林立当时感到无地自容，甚至想就此出走不干了，后来是部门主管从中协调，才又留了下来……

从那以后，林立再也没有抱怨过，而是悉心向别的同事学习储备准客户的技巧。因为他明白了，如果推销员自己都不去挖掘客户，又怎么能指望客户自己找上门呢？

赵宝飞和林立正相反，他对于开发客户这块极其重视。在培训期间那句"没有客户就没有业绩"的训导已经在赵宝飞的心里深深扎根了，所以，他从做这一行起，就决心做好客户这一领域，每天客户卡资料从不离手。

但很快半年过去了，赵宝飞发现自己虽然客户资料已经积攒了好几个本子，但称得上准客户的却没有几个，很多客户都是一次销售过后，再没有询问或购买过，以至于半年来自己也没有多少突出的业绩，这让他大失所望……

原来，准客户不储备不行，储备不好还是不行。并不是客户资料越多就证明推销员的业绩越好，而是看你最终储备的客户中有多少是高质量的准客户，因为唯有这样的客户才有进一步开发的价值。

方法践行

从这两个小故事可以看出，卖寿险的过程也是一个积累更多准客户的过程。没有准客户，推销员的业务做得再好，也会如无本之木、无源之水；

没有准客户就没有资格谈业绩,收入也就更无从谈起。所以,推销员不妨按照如下方法先解决准客户的问题。

▣ 建立客户资料库,学会经营客户。

客户资料库就是我们通常所谓的客户卡。建立客户卡并不难,但关键是很多推销员容易忘记为客户卡分类整理,以至于总是在需要时找不到最适合的客户,还总抱怨:"我的客户去哪儿了?"所以,建立资料库的同时,要学会经营你的客户,做自己的客户经理,这是储备高质量客户的第一步。所以,推销员应该每隔一段时间就将近期累积的客户分类整理,并主动联系客户,以了解其近况。如果有必要,还应根据客户的实际情况帮其分析现有保单,并提出具体修改内容或额度的建议,才能方便接下来随时随地地签约。总之,你不仅要在具体的行销活动中,更要在行销之初不断地做好开拓准客户的准备工作。

▣ 通过工商日志簿寻找企业准客户。

推销员通过自己分类整理建立的资料库难免有疏漏。而工商日志簿中的资讯通常系统性较强,所以也比较适合推销员用于开发企业准客户。注意,即使是工商日志簿中的中小型企业,其实力也是相当雄厚的,同样是值得你用心开发的一片市场,不要因其规模而放弃向其进军。况且,中小型企业的业主为了降低企业风险,一般将个人资产与企业资产合二为一,如此一来,这部分人群就更需要推销员为其未来的人身安全做规划。所以,利用工商日志簿往往可以找到很多需要投人寿保险的业主。

▣ 锁定在报纸中做杂志、宣传的个人或公司,拓展人际关系网络。

由于报纸、杂志专访过的人物基本都"小有来头",其中部分是对大众具有一定影响力的人士,而这些人的背景都可以通过杂志中正规的资料找到,所以,推销员可以通过细心研究将这部分人群也纳入准客户体系中。

我曾经就给一位优秀的企业家做了一笔人寿保险的保单。那时我们当地的一个报纸上刊登了他的有关报道,我看到后就以慕名拜访的方式开始与那位企业家沟通。通过交流,我逐步了解到他正打算购买寿险,并且在那之前从未购买过任何险种。所以,我便进一步沟通,为他设计了价值 70 万元的寿险保单,并由此开拓了我的准客户关系网。

将纯粹风险化为机会风险

Mr. 保险精英
机遇总是与风险并存, 只有把风险化
为转机的人才能笑到最后。

纯 粹风险与机会风险虽然是行业内的两个专业术语, 但如果你以为我是想教你这两个概念, 那么你就错了。

没有哪个人愿意做有 100% 风险的事, 所以, 我们要学会将所谓的纯粹风险化为机会风险, 把这一观点应用于推销中, 也就是要学会在风险中寻找转机, 把风险转化成更多的机会。到底是怎么回事? 听听下面主人公的故事, 你就会迎刃而解。

■ 现场直击

刘新宇看上去胆小怕事, 同事都知道他是出了名的"遇事不敢出头"的人。但就是这样一个人, 却有着将风险化为转机的力量。

有一次, 刘新宇和另外几个同事同时负责一位大客户, 因为那位大客户出了名的难搞。几位推销员三番五次的拜访, 好不容易终于说服了对方准备签单。

但客户却突然说："你们几个看到我刚才放桌子上的5000块钱没有，我一会儿要出去请朋友吃个饭，怎么没了呢？"推销员们互相对视，似乎知道客户葫芦里卖的什么药了。

果然，客户接着说："不好意思，咱们还是下次再签吧，我得赶紧找找我的钱去！"

就在这时，刘新宇立刻拦住客户："您看，您的钱不是在这吗，咱们还是先签单吧。"

客户愣住了，他万万没想到一个小小的推销员竟然自掏腰包拿出5000块钱来，这一举动也让客户感到有些羞愧，于是乖乖地签了单，刘新宇成功地化解了一次危机……

很显然，这位客户只是在"假装丢钱"，若没有刘新宇，恐怕只有两个结局。一个是推销员和客户大吵起来，两败俱伤；一个是推销员一走了之，双方交易无疾而终。总之，对于几位推销员而言，毫无疑问都将面临失去这笔大单的风险。

其实，这主要得益于化解客户的信任危机，并且，总是在卖寿险的第一个环节，就把信任危机解除。所以，接下去的环节只会加深彼此的信任，也就更容易达成合作。

信任危机恐怕是每个寿险推销员都会遇到的问题。但更大的问题是，面对不信任你的客户，你将如何继续把销售做下去、如何消除对方的不信任，否则，建立在不信任基础上的合作迟早要面临流产的风险。

方法践行

其实，推销员所面临的风险不只是上述小故事所反映的问题，当你从做寿险这一行开始，你就已经随时随地处于风险中了。例如，客户随时准备离开、随时准备拒绝你，即使已经被你说服欲签单，也有可能在落笔的前一秒变卦……那么，在重重危机之下，你将如何顺利突出重围，拿下客户呢？

■ 找出问题症结，放手一搏寻转机。

推销员之所以会陷入危机里，很多时候并不是因为某件事已经到了不可扭转的地步，而是没有认清问题的本质。还记得曾有卖寿险的朋友向我抱怨："无论我说什么，对方都不买账，真是铁石心肠啊！"我问："你只知道对方不买账这个结果，那你知道对方到底为什么不买账么？"我那朋友无奈地摇摇头……后来我向朋友解释："我想你应该先弄清楚为什么会产生这样的结果，再想办法做出改变，从而扭转局面。"的确，后来我那朋友再遇到这种情况时，就会试图搞清楚对方不接受自己的原因，而后再重新说服对方，虽然这时也存在再次被对方拒绝的风险，但实践证明，客户在了解全面以后做出的决定，会更容易接受寿险。

■ 投资你的客户：留住回头客，将其转化为未来的大客户。

如果说让客户购买人寿保险是对未来人身安全的一种投资，那么，留住回头客，并将其转化为未来大客户，便是推销员对客户的一种风险与机会并存的投资。但推销员如果能投资得当，就会将风险降至最低并从中找到拓展人脉的机会，因为，你挽留住一个回头客就等于开发了十个新客户。在此之前，请记住：一切客户最关心的问题就是自己的既得利益，所以，以客户利益最大化为原则是推销员永远不该冒险打破的规则，并且应该尽力使客户相信，和我们维持当前的关系才对自己更有利，直至用我们的诚意打动客户的心。

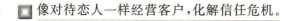 **像对待恋人一样经营客户,化解信任危机。**

信任危机恐怕是推销员签单失败的祸根,它在推销员和客户之间建起一座高墙,隔开了彼此的心,也使推销员的工作处处受阻、充满风险。而最好的解决办法就是像对待你的恋人一样去经营客户。因为,和恋人在一起时,你不会掩饰自己的内心,如果也这样与客户坦诚相待,他们就会因为感受到你的真诚而信任你。此外,恋人更懂得彼此的需要并会想方设法满足,如果你知道你的"恋人"喜欢鸡尾酒,那不妨在和他谈论人寿保险的同时,为他推荐几款美味的鸡尾酒,恋人怎会不对你信任有加呢?

保障与投资兼顾的"储蓄"

Mr.保险精英

卖寿险的最高境界，是让投保人从潜意识里感到购买即是最好的储蓄。

很多寿险投保人之所以犹豫不决、不愿投保，主要是因为他们还没有从潜意识里感到购买人寿险就是一种最好的储蓄方式。相反，他们认为自己的钱被"预支"了，只要自己平时多加小心，未来不一定用得上保险公司帮忙，谁又会没事拿自己的人身安全开玩笑呢？

不要觉得这很可笑，其实这是很多客户的普遍心理，因为客户最关心的无非是现在投多少、合不合适、将来能获得多少。而你如果无法让客户意识到现在先花钱比将来后掏钱更合适，对方自然难以买账。听听下面的小故事你就了解了。

现场直击

"您要是现在投寿险，除了最基本的条款待遇，我们公司还会额外附赠您一台高级豪华液晶电视呢。对您而言，这是当前最好最热的一门投资了!"寿险推销员陈清河如此劝客户投保。

客户却不领情:"那你们能给我什么保障呢?又如何保障我的利益呢?"

陈清河依旧自说自话:"您看,我重新给您算一笔账,保证无论您怎么投资,都不会赔本。"

客户更不耐烦了:"我问的是保障,光让我投资有什么用?我现在没兴趣了,谢谢!"

就这样,客户的一句话就把陈清河打发了。很明显,客户更关心的是自己的保障,而后才决定是否参与投保。而陈清河却抓住投资的话题不放,一味地引导客户投资,结果反而引起了客户的反感,答非所问,适得其反。

王静:"您好,邵总,听说您想要为您的家人投一份寿险。"推销员王静如是展开话题。

邵总感到很纳闷:"没有啊,你弄错了吧,没有这回事啊!"

没错,其实并没有这回事,王静只是故意这么说:"哦,既然这样,看来我真是白来一趟了呢?那我赶紧回公司替客户领奖金去啦!"

这下邵总的兴趣被激发起来了:"哎,等一下,领什么奖金啊,有没有我的份啊?"

王静发现了转机,连忙解释:"本来是有的,可您不是没有给家人投保吗?其实是这样的,我们寿险公司正在推出'1+1幸福全家'的活动,即便您本人不投保,也可以给家人投一份,而我们会完全免费送您本人一整年的保单哦。"

"这样啊,有这等好事?"邵总深信不疑。

王静继续引导:"当然啦,我们都要和客户签合同的。只是我们免费送您一年服务之后,您需要续签一年,前一年就算是先让您体验啦。"

邵总喜出望外:"哦,那也合适啊,快给我看看。"……

　　就这样,聪明的王静成功地让本没有投寿险计划的邵总为其家人买了多份寿险,可见,客户都有猎奇心理,更有点占便宜心理,如果推销员都能制造一点"惊喜"给客户,相信也就不必再担心没有客户上门了。

方法践行

　　由这两个小故事来看,并不是所有的客户都喜欢投资,喜欢计算多年后的收益。相反,他们更注重自己在"储蓄"这份利益时,自己能获取哪些保障。毕竟,客户不如推销员那样专业,对于投资方面的理念往往没有兴趣,这时,作为销售员的你就必须像故事中的推销员王静一样,想办法循循善诱,引导客户跟着你的步伐签单,但具体你应该怎么做呢?

■ 抓住客户占便宜心理,用数字和结果吊客户胃口。

　　心理学研究表明,每个人都或多或少地存在占便宜心理,何况是利益至上的客户呢。俗话说,抓住人心更好办事。所以,推销员不妨利用客户的这一心理,做一份数字数据报告,为客户讲解当其投保人寿险后,在不同的阶段可以获得的最大利益有多少,并尽量通过转述身边朋友获得很好结果的案例打动客户。之所以要讲朋友的故事,是利用了客户的同理心,就像和我们自己境遇越是相似的人,我们就越容易被其事迹感动。相反,如果推销员只是单纯地对客户说"我",客户就很难跳出你是一个销售人员的"防线",轻易地相信你。

■ 在客户不情愿"储蓄"时,建议其为全家"储蓄"。

　　有的客户可能只是对自己比较抠门,但不代表他们对自己的家人就不大方。即使是客户明确说:"不好意思,我对人寿保险实在是没有兴趣。"你也不要就此放弃。不妨先向客户的家人问好,试探性地询问其家属的情况,并迅速从中筛选信息,发现具有投保价值的人。这时再将话题转移到那位具体的亲属身上,建议客户为其投保。值得注意的是,要尽可能让你的话题自然而然地过渡,而不是让客户觉得你是在步步下套,造成其"想诈我还不够,还想榨干我全家"这样的误解,这样只会令你的寿险销售之路举步维艰。

■ 将流程化繁为简,让客户相信保障与投资可一箭双雕。

越是有来头的、有意投大单的客户,其时间就越珍贵,而他们能给予寿险推销员的销售时间更是少得可怜。可以说,如果你能在3分钟内说服你的客户购买,却不能在3分钟内将客户所要遵守的购买流程表述清楚,客户就会立即产生厌烦情绪,甚至没有了购买的原动力和激情。所以,推销员的重点工作除了说服客户,就是将流程化繁为简,让客户觉得接下来要做的事是一件操作简单、方便可行的事。在这样的前提下,如果再加以强调保障与投资并存这一结果,客户才会真正觉得投了人寿保险是件一箭双雕的大好事。

精英之道：1年收入3亿的火鸡太太——柴田和子

在日本，想必柴田和子这个名字无人不知、无人不晓。

她在1978年首次登上保险销售"日本第一"的宝座；

她在接下来的16年里蝉联销售冠军；

她被誉为1年收入3亿的火鸡太太；

她是日本最成功的寿险推销员之一。

你一定和我一样好奇，她是如何将寿险做到无人能敌的至高境界的呢？她的销售秘籍到底有多强大呢？

● 销售秘籍1：正确的推销心态 ●

没错，这里再次用到了前面我们说过的心理学。你们看，但凡成功的保险大师，其心理一定是很正面积极的。柴田和子认为：能够以平和的心态选择正确的推销方法是最重要的。在1983年，她曾做过一个著名的

"检定人寿保险士"的演讲。当时,她的心情别提有多紧张了。后来,她曾这样回忆道:"由于我是在佐贺县和青森县的人寿保险协会的初次演讲,心情还是有些紧张。为了保证演讲时有足够内容,我根据自己的经验和原来的知识编制了演讲大纲。为了准确地把握时间,我根据自己所列的内容,用码表计时,反复试讲。经过无数次的反复练习,我终于能够准确地掌握结束时间,并且能够熟记演讲内容。"紧张归紧张,但在紧要关头,柴田和子还是静下心来思考演讲的事,这是推销员都普遍缺乏且应该学习的精神。

● 销售秘籍 2：聪明地"作弊" ●

很多保险人并不提倡"虚假销售",但事实上如果是聪明地"作弊",那么二者的性质就是完全不同的。用柴田和子的话来说就是:"当遇上客户质疑'保险赶不上通货膨胀'的时候,就应该这样反驳——这点我没有意见,但若一味地指责保险价值降低要保险公司负责,这不是很奇怪吗?不随着通货膨胀来调增保险额是您自己的错误,这可不关我的事!"

这样的见地不但不会得罪客户,反而会令客户觉得耳目一新,所以,柴田和子主张用所学知识与事实理论依据巧妙地"作弊"。

● 销售秘籍 3：想要房子就以房子为目标 ●

接下来,也是最重要的一点就是保险人的目标问题。

大家不妨问问自己:

近期,我的目标是什么?

未来,我做保险这一行的最终目标是什么?

　　对于这一点，柴田和子的回答干脆利落："说实话，我加入保险这一行还有一个秘密，那就是我渴望拥有自己的房子。而保险推销，就把它想象成上天给我的一个机会，如果我好好地利用它，也许就会实现自己拥有一套新房的梦想。"在她看来，唯有目标才可以改变窘迫的现状，成为努力奋斗的不竭动力。

下一个精英之财产险

卖的是"险"而易见的安全感

解析 财产险主要分为家庭财产险和企业财产险,是关系到个人和企业切身利益的险种。因此,其重点在于责任和理赔,换言之,买了财产险的客户,能从中获得多少安全感呢?

和寿险"授受不亲"

Mr.保险精英

"授受不亲"并不是最终目的,从中学习为己所用才是王道。

寿险代理人是办理人身安全保险的专员,而财险代理人则是办理家庭财产险、企业财产险的专员。一个是保命、一个是保财,两者在本质上有很大区别,所以我国有一个"分业专营"的规定,即卖人寿保险的就不能再卖财产险,卖财产险的也不能同时卖人寿保险,可见,财险和寿险是"授受不亲"的两家。

但话虽这么说,同做保险这一行,总要低头不见抬头见。财险推销员在日常业务中,总是能碰到寿险的业务员,此时很多财险推销员便只顾着面露凶光"仇视"对方,而忘记了向对方学习基本业务技能。

现场直击

张兵当初加入财险这一行时就梦想着有一天成为百万富翁,但培训师告诉他:"卖财险要想做一单百万元以上的业务是很难实现的,除非你肯放低身段和寿险推销员合作。"

听到"合作"这个字眼时，张兵就急了："无论专业还是技能，我都不比他们卖寿险的差，何必要靠他们呢？靠人不如靠己，我还是自己慢慢来吧……"

结果两年过去，张兵依然业绩平平，每一单都没有突破百万元大关，这时他才明白，原来这并不是谁靠谁的问题，而是自己肯不肯放低身段，向对手取经。

SHINE印刷制造公司的白经理正在办公室里苦思冥想未来的发展路，财险推销员林生走了进来。

"你好，白经理，最近生意还好吧。"林生十分客气地打招呼。

"现在不行了，竞争太激烈了。你来得正好，我前几天刚买了一份别家公司的寿险，不知怎样，你帮我分析分析。"白经理误以为林生也是寿险公司的推销员。

林生一听，并没有直接回答白经理的问题，话锋一转："最近，我们公司推出了一款新型企业财产险。我在第一时间就想到了您应该很需要这样的产品。您看，这上面除了有旧财险中的各项基本条款，还增加了对火灾的赔偿条款。您想，您每天率领大家一起在这里日理万机，如果连最基本的财产安全都保证不了，怎么会有精力做更多的事呢？"

白经理一想也是，于是决定再买一份，这时，林生才澄清自己是财险推销员……

林生并没有在客户提及对手的信息时而恼羞成怒，而是耐心地为客户讲解新品的升级服务。白经理连连称是，他认为，这样一个有胸襟、有城府的推销员一定也能包容客户，所以，即使在最后才知道真相，也乐意与林生合作。

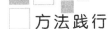

方法践行

可见，任何险种的保险推销员，其销售技巧都是大同小异。所以，跟着下面的方法一起学习吧。

■ 放低身段，主动取经。

有句话说得好，要想卖好保险，必须要学会放下自尊。当然，这意思并不是说不要自尊、没有自尊了，而是建议财险推销员放低身段、放下架子，主动问伙伴甚至对手学习。因为不管是卖哪一种保险，都是在交流与学习的过程中实现的，而不必要的自尊往往会成为学习的障碍。例如，当你偶然遇见一位寿险推销员，你明知对方比你优秀，但碍于自尊，却拉不下脸来向对方请教，和对方擦身而过的同时，也错过了很好的学习机会。

■ 主动讲解，让好服务不断升级。

再相似的险种也有自己的差别，再明智的客户也有混淆险种的可能。所以，财险推销员向客户推销财险时，客户极有可能不耐烦地说："我已经买了寿险了，还不错，你先回去吧。"而此时的你可能早已气得"七窍生烟"，那你是恨恨离去还是适时反击呢？答案当然是后者，你不妨主动为客户详解财险和寿险的根本区别，并强调购买两者是不冲突的。值得注意的是，在为客户讲解财险时，不宜刻意诋毁对方已经购买的寿险，最正确的做法是，避谈寿险，大谈财险益处及售后服务，让自己的产品在无形中升级，从而征服对方。

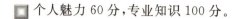 **个人魅力 60 分,专业知识 100 分。**

我们知道,卖寿险更需要沟通力,所以除了专业知识要过关,对个人魅力的要求也颇多。相反,卖财险则要轻松很多,只是,你可以拥有 60 分的个人魅力,但却一定要有满分的专业知识。道理很简单,如果一个财险推销员连专业都不过关,又凭什么让客户掏出票子来埋单呢?何况,与寿险的人身安全观念不同,财险的变数相对较小,很多人觉得只要自己多加防范就不会有风险,所以不愿购买。那么,财险推销员如果再顺势说下去只会多说无益,唯有用你的专业技能做客户的理财师,才能拉回客户的心。

问题不是买不买，而是向谁买

Mr. 保险精英

　　并不是所有的客户都认得路，当客户迷路时，请主动牵起他的手。

随着现代人投保意识的增强，客户开始渐渐明白，买保险其实是买一个长期的服务，特别是财产险，无论是家庭财产险还是企业财产险，都关系着某一阶段的财产稳定性。为此，除了要为自己选择一家好的公司以外，选择一个好的代理人也尤为重要。所以，对于很多客户而言，不是买不买的问题，而是向谁买的问题。

现场直击

　　推销员：您看看，这是我们公司最新的家庭财产险产品，千万不能错过哦！

　　客户：在哪里可以买到呢？

　　推销员：您先听我说，只要您投保，每天平均下来才8毛钱，特别便宜，您还是买一份吧！

客户：我看你像是个新人，你之前做过这类保险吗？我凭什么相信你呢？

推销员：凭产品呀，这可是绝对不容错过的好产品哟！

客户：我看还是算了吧，你还没有回答我的第一个问题呢，产品好是好，但我还是去其他推销员那看看吧……

这位推销员虽然和客户说了半天产品多么值得购买，却忽略了引导客户应该向谁买，结果并没有成功推销自己。客户即使愿意接受产品，却选择了其他购买途径。

听说邻居小李来了，老张非常开心，因为老张知道，小李不但人好，业务做得也好，是知名保险公司的年度最佳推销员，这让老张觉得小李办事也一定是个可靠之人。

小李一来，老张就迫不及待地向他展示刚买的高清电视。小李边聊边引导老张："这电视看着真不错，肯定很贵重吧。要不，您考虑下在我这里买一份家庭财产险吧？您也知道我这人实在，要是对您没好处，我是绝对不会推荐给您的。"老张一想的确是这样，小李办事，总能给他一份安全感，于是毫不犹豫地购买了……

同样是卖财产险，两个推销员的结果却大相径庭。我们是否也该思考，当产品没有问题时，我们自己有没有问题，是否能让客户死心塌地地信任我们、向我们购买。

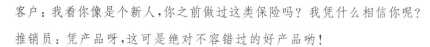

方法践行

如果作为财险推销员的你还在像前面故事中的第一个主人公一样，只围着让客户购买这一问题打转，结果客户终于被你说服，但却找其他推销员购买去了，恐怕你也只有向自己喊冤了，看看下面的方法能给你什么启示吧。

■ 给客户"安全感",让其相信产品并向你购买。

有的财险推销员觉得客户无非最关心自己的财产和利益,对其做出太多承诺只会显得自己太假,还不如用事实和数据说话。但问题是,你有多少事实和数据可以替你说话? 在客户未获得"安全感"之前,又怎会相信你的数据? 倘若此时你能给客户一个"安全"的承诺,对方也会肯定产品,并向你购买。不要觉得承诺"假、大、空",其实它反而能够为客户营造一份可靠的安全感。

■ 用经验和阅历说话,不让客户的单子变成"孤儿单"。

不知财险推销员是否发现,很多客户都喜欢选择那些年龄在30~40岁左右的推销员,并且更中意学历较高的保险代理人。这是因为客户通常认为这类财险推销员相对比较专业,并且有一定的人生阅历,是比较值得相信的。而对于年纪轻轻或大学刚刚毕业的财险推销员,客户就会觉得他们只是抱着锻炼自己的态度来加入这一行的,很有可能今天签完了单,明天他就不干了。那么,年轻的财险推销员要想消除客户这种"年轻推销员浮躁、不可靠"的心理,就要学会用自己的热情和责任感说话,让对方信服,消除客户担心自己的单子将来成为"孤儿单"的顾虑。

■ 把责任和爱心当做服务的使命,让客户主动向你买。

实践证明,大多数客户选择一个财险代理人更看重的是对方的服务,倘若你在知识和技术方面与对手实力相当,那就要拼服务了。好的服务是有生命的,它就像是一株植物,如果你打理得好,它便会如沐浴阳光般茁壮成长,相反就会枯萎。不要小看服务,因为就算是相同内容的服务,由于服务者的态度、心情以及服务环境的差异,其效果也大不相同。所以,财险推销员要把责任和爱心当做服务的使命,唯有让客户觉得这笔佣金花得值,他们才会主动上门找你买保险。

为客户拿到"安全"的价格

Mr. 保险精英

所谓"安全"价格,就是让客户觉得可以接受的价格,买了就一定不会赔钱的价格。

对于客户而言,他们除了关心所要购买险种能够为自己带来哪些好处以外,就是险种的价格了。但要完全让客户对财险产品的价格无异议,对于推销员而言并不是一味地对价格让步。下面的案例希望能给你启示。

现场直击

乔一楠是个业务和个人素质都很优秀的财险推销员,而价格一向是他制胜的秘籍。

这天,他正和一位客户谈企业财产险的事,已经到了最后谈价格签合同的环节。按照惯例,他先是给客户开了一个很高的价钱,因为这样到后面才有机会给客户一个"大降价",让客户感到实惠。

结果,面对一个高开价,客户有些诧异,问:"我之前买财险,从来没碰到过这么高的价,再便宜点吧。"

乔一楠听了,心想展示自己的时候终于到了,于是给客户又开了一个很低的价格。

没想到的是,这回客户更诧异了:"一下子那么高,一下子又那么低,不会是你的产品有什么问题吧,我需要再考虑一下。"

可见,并不是所有的客户都喜欢低价的产品,特别是明明一开始还是天价,说降就能降到不可思议的程度,这就会引发客户对产品质量的质疑。

黄燕推销给客户王天明的财险很令对方满意,但现在二人正纠结于价格这个问题上。

王天明:"我上次买了你们的财产险,刚买完,你们就搞活动降价了,我这次不会又赔了吧!"

黄燕耐心地解释道:"当然不会啦,即使我们搞活动也是针对产品的,像您买的这一类型的产品,本身已经没有降价余地了,而且这类财险口碑又好,所以就算是做活动搞促销,这个产品也不在其列。"

黄燕看王天明依然若有所思,貌似还是放心不下,于是黄燕拿出了一份近期客户的使用名单:"我给您看一份非常私密的数据,您看这是我的客户,60%以上的人都和您一样选择了这款产品哦。"

王天明看到"真凭实据"终于放下心来,购买了黄燕的财险。

价格是否"安全",是否能让客户接受,所受的影响因素有很多,其中最重要的一点就是推销员是否有说服客户的"真凭实据",拿出单据证明给客户看永远比你口头的"空头支票"更容易让客户接受。

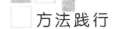

方法践行

通过上面这两个小故事不难了解，给客户一个"安全"的价格，客户才更易于接受。否则，价格降得过低，反而会像第一个故事中的主人公一样，遭到客户的质疑。那么，如何才能给客户一个"安全"的价格呢？

■ 初次见面不要一进门就谈价格，先用服务破冰才有沟通余地。

很多财险销售员不知是出于不自信还是怕被客户拒绝，即使是初次见面的客户，只要一进门就先谈起了价格，而且报价很低，试图用低价格征服对方。殊不知，面对如此低的价格，客户也不领情，一句"这么便宜的东西能有什么好的"就把推销员问得哑口无言了。可见，低价格并不是万能药。此刻的你尚未和客户建立起交情，对方自然也就不会信任你，还没谈产品，谈价格又有什么用呢？特别是财险推销员，更不适合一上来就和客户谈价钱，客户只会觉得"我的钱安全与否都是个问题，你就想让我掏钱了，想得美"。对此，推销员可以用热情的服务破冰，逐步与客户交流，在沟通的过程中再把价格提上日程。

■ 千方百计讲利润的故事，建立"买了绝对不会赔钱"的安全感。

客户面对财险推销人员的推销，首先想到的是会赔钱吗？不完全是。客户更多的是关心你的产品，特别是财险中的新品，对他而言，首要关心的是将来有没有利润空间。推销人员讲利润故事也一定要在客户有了安全感之后，换言之，利润故事是为了稳定客户内心建立的安全感，让他觉得眼前这幅画面里的主人公——百万富翁，就是未来的自己，如此一来，建立起的"买这个值、绝对不会赔钱"的心理作用才会发挥得淋漓尽致。

 给"空白"客户看已成交的数据信息,打消其杀价念头。

　　"空白"客户就是第一次购买财险的客户,如果说有经验的客户在二次购买时更注重产品的质量,那么"空白"客户则更注重产品的价格。虽然推销员不宜在最初把价格降到很低,引起客户的质疑,但同时也不宜刻意抬高价格,给客户杀价的机会。如果面对一个已经相对安全的价格,这类客户还是不依不饶地试图杀价,推销员不妨向其出示已成交的数据信息,观察对方的反应。如果对方能够接受就不再议价,如果对方依旧有犹豫,可在此基础上主动适当降价,给对方营造一种"的确不能比现在更便宜"的氛围,彻底打消其杀价的念头。

财险不适合"人情攻势"

Mr. 保险精英
并不是所有的险种都适合"人情攻势"，不要在一条路上跑到黑。

购买财险的客户，通常更关注自己的短期利益，所以他们更关心那些与自己短期切身利益有关的问题。例如，家庭财产保险的保险范围是什么？保险责任有哪些？理赔内容有哪些？

如果此时，你还是一味地向客户展开人情攻势，未必会有效果，因为购买财险的客户大多数为某个单位或组织的管理人员，他不只需要对自己负责，更需要对组织成员负责。

现场直击

对于如何卖财险，新人张雨还很懵懂。多年前，她曾卖过寿险，以为这一行都差不多，自己能卖好寿险也一定能卖好财险。结果，她依然按照卖寿险的老路子出牌。

张雨："即使您最终决定不买我的产品，咱们也可以交个朋友。"

客户纳闷地说:"我还不知道你的保险长什么样,你怎么就知道我不买呢?"

张雨:"您误会了,我的意思是,无论结果如何,都不影响我们做朋友。"

客户越来越反感张雨的话,见张雨一个劲在感情牌上绕弯子,也不切入主题,索性还没等张雨开口介绍产品就转身离去了……

很明显,张雨混淆了寿险与财险的销售技巧,这是她失败的根本原因。其实,购买财险的客户更以利益为重,在其他方面说得过多反而无益,遭客户反感。

"您说得很对,的确,我们的产品还有很多不完善的地方。"面对客户的质疑,推销员黄露露毫不掩饰,诚恳地说。

对于黄露露的诚实表现,客户感到有些好奇:"你不怕这么说我就不买你的产品了吗?"

黄露露微笑着说:"怕!当然怕,毕竟推销员也需要生存,我不是做福利事业的。但是和这种怕比起来,我更怕您在使用了我的产品后感到后悔,这是我最不愿看到的。其实,再好的产品也会有自己的优缺点,所以我并不介意将产品的缺陷如实告诉您。"

客户对黄露露忠于产品本质的推销赞赏有加,立即决定购买……

越是遮遮掩掩,客户越想听到真实的信息。尽管产品有不足,但黄露露还是如实地告知了客户,而不是和客户"躲猫猫",结果客户反而下定决心向诚实的推销员购买产品。

方法践行

可见,财险推销员如果发现前方的路不适合走人情攻势,就要结合以下方法,适时地转弯,否则就会像第一个故事中的主人公一样走到无法挽回的地步。

■ 正直营销，忠实于产品本质。

很多时候，违背原则的人情攻势看似可以获利不小，但其实问题很快便会出现。相反，正直的营销看上去沉闷枯燥，但却易被客户所接受。这是因为，人们对财险的错误认识，很大程度上来自于财险推销员夸张的描述，他们没有忠实于产品的本质去推销。可见，无论何时，推销员首先要忠实，也就是既不夸大也不贬低产品，恰到好处地以产品为本进行推销，这样问题和不信任便不会出现。

■ 不为留住顾客而放弃主导权。

有一次，我的一个财险推销员朋友为了留住一位一直从他那里购买财险的顾客，一次次地向客户求情说好话，一开始客户还给他面子，后来干脆不领情了。我告诉朋友：其实不怪人家，因为你在一开始便放弃了自己的主导权，被对方牵着鼻子走。

要知道，留住顾客并不是说一两句好话那么简单。尤其是财险推销员，你越是对客户说"您买吧，买了将来一定会得到一大笔财富"，客户越是反感，加之你一味地求情，只会让对方有种想要将你立刻甩掉的冲动。记住：无论何时何地，都不要为了留住客户而低三下四地说好话、求人情，从而放弃了自己的主导权。

■ 不用人情去进攻，而用说服术去引导。

当人情无法发力的时候，财险推销员该怎么做呢？答案是用说服术去引导。因为，如果说客户对财险不够信任，很大程度上是由于推销员引导不当，而无法说服客户发自内心地接受所致。例如，你的客户由于一些误解而认为财险是一种欺诈，并一味地抱怨你所在的公司，这样的客户固然存在一定问题，但此时，作为财险推销员的你若是没有对客户的保险项目进行有效的说明，这就是你的问题。其实，很多客户都是在买了一两次保险后才对保险略知一二，他们有时就像个学生，需要我们去说教才能最终被"感化"。

速做小案，做好大案

不知你是否有这样一种感觉：很多购买财险的客户在遇到数百元的小额赔款时，都是不太在意的。例如，一个机动车司机要赔付 1000 元以下的赔款，他们往往会选择自己消化而不办理索赔。

原因其实很简单，理赔之后的强制保费可远不止这个数字，这一点与寿险是完全不同的。同样的这种事，如果在寿险领域发生，你要是不赔，就别指望继续做生意了。

现场直击

赵子航刚刚参加完公司的培训，成为了一名正式的财险推销员。他想：终于可以开始扩张自己的事业版图了。这种急于求成的心导致其一开始就用错了方法。

赵子航每天都穿梭在各大知名公司总经理的办公室里，苦口婆心地说服对方购买保险,但由于新上任没有什么经验和业绩,总是很难让对方信服。

这天,他再次失败了,垂头丧气地从一家公司大门口出来。这时,有位客户主动找上门来,说是急需购买一份财险,但赵子航一听对方只想买一份,立刻没好气地说:"对不起,我只做大客户,您要是多买点还值得我考虑。"

正是这样一句话让客户觉得,一个新人如此猖狂,产品必如其人,一定也不怎么样。就这样,客户离开了,连最小的保单赵子航也没能做成。

王天琦一向是以利益为重的推销员,这一点刚好与卖财险的宗旨不谋而合。无论大案还是小案,只要有钱可赚,他都不会放过。

每天同事们都见不到他,因为他实在是太忙了,每天各地奔波约见客户。后来,有同事嘲笑他:"你真的就那么差钱吗?看你每天奔波好辛苦哦!多做几个大客户不就什么都有了?"王天琦却不以为然,继续扩张他的事业版图……

虽然在同事看来,王天琦功利心过重,大钱小钱都抓。但事实上,这是每个财险推销员应具备的基本素质,而王天琦这样努力也终有回报——蝉联3个月的销售冠军。

方法践行

从上面这两个主人公的故事可以看出,推销员要想做好财险,可以适当减少花在小案上的精力。在沟通良好的前提下,按照如下方法,速做小案、做好大案即可。

■ 利用二八法则,不用有色眼镜看案件大小。

虽然二八法则里讲,任何一家公司,其 80% 的赢利都是来自于 20% 的大客户。但别忘了,这些 20% 的大客户之所以决定跟你合作,往往是因为另外 80% 的小客户。如果一家公司只有大客户,一个小客户都没有,那么这样的公司是很难被信服的。所以,我们所做的无论是小案还是大案,都不应戴有色眼镜。小案带来的利润虽然微薄,却给推销员平添了规模感和知名度,如果财险推销员只关心大案而忽略了小案,最终的结果往往是既丢了小案,大案也难以保住。而若只是一味地做那些看似简单、容易得手的小案,不钻研大案,是难以做出突出业绩、成为保险精英的。

■ 速做小案,但不放弃任何一个小案。

很多财险推销员都有这样一种感觉,大客户的要求相对较少,反而是小客户的要求比较繁多,做起来感觉小案比大案还要难,而利润空间又少。所以很多推销员便动了放弃小案的念头,事实上这是一种极为错误的做法。你可以快速去做小额的保单,把更多精力放在大单上,但这并不代表你可以放弃小单。其实,只要找到规律,小单还是比较好做的。例如,小案的客户购买量非常小,其针对的问题往往在价格上,建议推销员可以这样和客户说明:"您好,由于您的保额相对并不算大,我们的利润已经是最低了,如果每个客户都这样,那么我的财险就没法再继续做下去了,所以我希望您能理解。"这样不卑不亢的答复反而更易获得客户的支持与理解,即使客户最后仍选择了放弃,那也是客户放弃合作,而不是推销员的问题。

■ 做好大案,绝不能赶客户出门。

很多财险推销员都视时间如生命,也因此在遇到大案时就想要和做小案一样速战速决,既想从大案身上赚更多的佣金,又嫌大案的"大家伙"们太烦,如果客户一和自己理论不停,恨不得立刻赶他出门。这会导致你言语和行动上的"失态",虽然过后你可能会后悔,但从心理学角度而言,每个客户都有记恨比记恩惠时间更长的心理,纵使你再怎么挽回,对方也不会再想与你合作,更不会再为你带来任何利益。

做沟通的"主人"

Mr. 保险精英

如果不能有效沟通，就不能赢得客户的心。

不要再说客户总是不理解你了！

你赢得客户的心了吗？

你在客户面前做到有效沟通了吗？

你是沟通的主人，还是被客户牵着鼻子走呢？

基本上，财险公司的推销员年业务量都在 100 万以上，很多推销员都没有时间去应酬客户，这本是件很正常的事，但若因此和客户产生了隔膜，有了一道"壕沟"，这对财险推销员就不利了。

现场直击

赵芳是个急性子，还没等与客户见面，她就背好了所有台词，恨不得立即搞定客户，结束推销。

也正因此，在她面前，客户很少能插上话。赵芳只是一味地、热情洋溢

129

地讲解产品,却没有太多和客户交流的话,让客户觉得很是尴尬和不爽,认为这样的推销员一定是以自己的利益为重,都不考虑客户的感受。一个月下来,赵芳的业绩惨不忍睹,后来在公司的检讨会上,她把这归结为自己没有时间沟通……

赵芳既没有和客户沟通除产品以外的细节,也没有做一个很好的听众,了解客户的真实需求,常常是在客户面前上演一出"独角戏",难怪客户不会动心,因为他们全程都没有参与其中的感觉。

和上面的故事中的赵芳相反,王庆喜恰恰是个"沟通高手",没有哪个客户是他留不住的,甚至本来对产品不感兴趣的人在他的一番沟通下都能提起兴趣。

王庆喜约见客户的地点从来都是充满情调的咖啡厅、西餐厅,自掏腰包请客户喝喝下午茶、吃吃饭,只为给客户营造一个轻松的氛围。结果,王庆喜就像客户的朋友一样,总是让推销在和对方的闲聊中自然而然地发生,有时客户在不知不觉中就购买了……

没有人会拒绝一个能谈心的朋友,客户也是如此。

方法践行

没时间沟通就要学会"挤"时间,不然你就没办法做到像第二个故事中的推销员一样,赢得客户的心。但沟通之前,你需要掌握下面三个最实用的方法。

■ 让情绪发挥能动性,打开沟通大门。

情绪是有能动性的,例如,如果你能让客户对你产生好感,那么客户最终的购买决定就很有可能受你的看法的影响。那么,怎样做才能带动客户对我们产生好感呢? 首先,我们一定要礼貌地称呼对方,穿插着称呼对方的名字或职务,增进亲切感。其次,对于自我的介绍更要清晰明了,要特别强调自己是正规公司的财险推销员,尽可能将所带的证件出示给客户,不要觉得这样做太麻烦,唯有如此客户才会逐渐消除防备心理。最后,大多数客户都渴望得到推销员的认同和赞美,不要吝啬你的恭维,任何人都有值得骄傲的地方,抓住客户的小小虚荣心,打开客户的沟通之门。

■ 和客户做朋友,突破其防线。

很多客户一听说你是卖财险的,立刻就会浮想联翩:"哦,让我买你的保险,你赚佣金。"如果推销员的性格比较急,就会不由自主地在客户面前展露出强烈的成交欲望。这时,客户的联想就会继续:"好家伙,挖陷阱让我跳,我才不上当呢! 你越说我越不买!"

面对这种情况,我们不妨换一种方式和客户沟通——和他们先做朋友,让紧张对峙的尴尬局面消失。试想,如果推销员将目标转移为交朋友,当然他所考虑的就会由向别人索取变成给予朋友服务,当推销员做到这一点,就会产生一定要帮助朋友的信念,并由此出发点为客户设计一套足够有保障的财险计划。如此一来,推销员就把推销变成了一种服务,自然也就轻松攻破了客户的防线。

■ 如果没时间沟通,就努力做好客户的听众。

有时候,我们实在忙到没时间和客户讨论某一个具体问题,这时,不妨做一个好听众,因为认真的倾听比说教敷衍更能让客户产生好感,使其找到被尊重的感觉。另外,我们还可以通过倾听,观察客户关心的问题,从而更好地调整保单计划，进一步积极推销。要知道，一笔保单推销成功往往来源于双方的沟通，而非推销员的一出"独角戏"。当然，做一个好的听众并非易事，呆若木鸡、面无表情只会遭到客户质疑，而抢着插话亦会引起客户不满。另外，回答问题时要简洁而通俗。总之，沉着冷静地倾听，会让客户觉得你是一个成熟的人，并对你产生信赖感，其他关于财险的问题也会因为建立在这种信赖感基础上的沟通则迎刃而解。

精英之道：建立安全感，原一平的 250 法则

在日本，"销售之神"原一平在保险界同样拥有和柴田和子一样不可撼动的地位和力量。

他曾连续 15 年蝉联全国保险业绩第一的傲人成绩；

他被日本保险业业内人士称为日本的"推销之神"；

在日本保险业，没有一家公司、没有一个人不认识他……

如此声名显赫，是因为他有一个著名的理论，即：如果一个人不满意你的服务，他会把对你的印象带给 250 个人。

有人开玩笑地把原一平的这一理论称为"250 法则"，这一法则的核心莫过于要特别注重客户的满意度。那么，他是如何做到让客户 100％满意的呢？

● 在推销保险之前先成功推销自己 ●

相信原一平的屈辱应聘路大家都已熟知，这里不再做过多解释。重点

是，他并没有因为一次应聘失败而退却。他说："我把应聘那天的屈辱，看做一条鞭子，不断'抽打'自己，整日奔波，拼命工作。为了不使自己有丝毫的松懈，我经常对着镜子，大声对自己喊'全世界独一无二的原一平，有超人的毅力和旺盛的斗志，所有的落魄都是暂时的，我一定要成功，我一定会成功！'"伴随着这样的呐喊声，此时的他早已不再是单纯地推销保险，而是在推销自己。结果，他用实际行动向世人证明了："我是推销天才，我是世界上独一无二的原一平。"当所有人都认识并认可了他本人的时候，所有的推销都不再是问题。

● 推销需要心中的一团热火 ●

原一平在功成名就之后并没有一丝的骄傲，更没有就此停滞不前，而是更加不懈地努力，继续工作。他的太太曾抱怨过："以我们现在的储蓄已够终生享用，不愁吃穿，何必每日再这样劳累地工作呢？"原一平却毫不犹豫地回答太太："这不是有没有饭吃的问题，而是我心中有一团火在燃烧着，这一团永不服输的火在身体内作怪。"

没错，在原一平看来，自己并不是随随便便就成为了一名伟大的保险推销员，而是因为心中那团工作的热火永不熄灭。唯有热情才能给他最大的安全感，同时也让他在最短时间内学到了一名保险精英应该掌握的所有技巧。所以，只能说"销售之神"的美誉也是他用心赢得的。

下一个精英之医疗险

卖的是人人必备的定心丸

解析 医疗险分为费用型和补贴型两种,属于社保之一,已广为人们认可,这也是卖医疗险的优势。但同时,由于医疗险已基本普及,要想拿大单,就要学会创新。

医疗险也可以单独卖

Mr. 保险精英

不要拘泥于一种销售模式，不要自己堵上了财路。

我们知道，医疗险中的重疾险和商业医疗险等都是以附加险的形式出现，顾名思义，客户只有购买了主险，附加险才会随之卖出。以商业的角度来看，可以说是一种"薄利多销"的方式。

但医疗险真的只有这一种销售模式吗？如果客户只想购买医疗险而对其他险种并不感兴趣呢？

前些年，之所以没有一家保险公司愿意单独卖医疗保险，是因为这样做的话保险公司基本是要面临亏本的。但现在早已不是从前的局面了，听听下面的小故事或许你就明白了。

现场直击

张大为老师辞职后，自己创办了一个英语速成班。最近正在为班里出的事发愁，有个学生不小心上课乱丢烟头引发火灾，导致身体残疾。可惜，

137

当初这个孩子没有购买医疗险，这下吃了大亏。

张大为找到推销员小辛问："为了向这孩子的家长表示歉意，我打算为他买一份医疗险。"

小辛想了想说："不好意思，我们的医疗险都是作为附加险和其他产品一起出售的，不单独卖。"

张大为追问："但我明明听新闻上说现在有的医疗险也可以单独卖了啊？唉，怎么卖不是卖呢，你就卖我一份吧。"

结果，小辛还是拒绝了张大为的请求……

事实上，小辛公司的确刚刚推出了可以单独卖医疗险的新法则，但小辛想本来医疗险就不贵，卖一份给他的收入远不及要为此付出的时间和精力成本，还不如等着需求更大的客户，多卖出去点产品。

客户钱晓曦在面对医疗险和众多产品的组合时，正犹豫着不知买哪个才好，于是向推销员李丽请教。

李丽想：钱晓曦之所以要组合购买，或许只是单纯地认为这样的方式更"实惠"，但其本人并不见得一定需要所有产品，所以才不知和哪个产品组合购买才好。与其这样，还不如建议她单独购买医疗险。

于是，李丽大胆地提出了这一建议："依我看，组合虽然看似多了一重保障，但事实上也让我们无形中投了一些无用之保，如果您相信我，我建议您不如把这些钱集中投在医疗险这一种产品上，这样您的保障其实也更有针对性、更可靠。"

钱晓曦一想也是，问道："现在可以单独买医疗险了吗？我的确最想买的是医疗险。"

后来，经过李丽的"扫盲"，钱晓曦了解了一些新出台的医疗险政策，于是立刻和李丽签了保单。

推销员的义务和责任除了要向客户推荐产品,必要时还应帮助客户作出果断的抉择。幸好李丽及时、准确地向客户提出了单独购买的建议,促使客户迅速作出决定,看来医疗险推销员平时要多多关注医疗险的相关政策。

方法践行

其实,随着我国保险事业的发展、人们投保意识的提高,很多有实力的大公司也终于不再拘泥于一种销售模式,而推出了全新的单卖医疗险的方式。而如果你所在的公司已经有单卖医疗险这项业务或者活动,你就一定不要再像第一个故事中的推销员一样不懂变通了。

▣ 做变化的主导者,为客户的保单把脉。

虽然风起云涌的保险市场每时每刻都在变化着,但客户永远都不可能比推销员更懂得其中的变化。所以,当客户一知半解时,你就要跳出来做变化的主导者,主动为客户的保单把脉,而不是等着客户问到自己头上才逐一作答。在很多客户心里,往往有一个"变化"的敌人,可以说是对现状的安逸感,也可以说是对过去的留恋,这种想法让他们不想作出改变。即使他们知道可以单独购买医疗险,但由于自己本身对保险把握不到位,往往宁愿以附加形式购买老险种,也不愿尝试新品种。这时,我们要将客户的着眼点放在保单的利益空间上,而非和客户一起抓住险种不放,因为当保单上的利益越加明显时,客户的购买欲望才会更加强烈。

▣ 风险中求发展,不因不景气而坐以待毙。

其实对医疗险推销员而言,医疗险是单独卖还是以附加险的形式卖,其效果差别并不大,关键是我们一定要明白这样一个道理:能和主险一起卖就一起卖,能单独卖就单独卖,销售模式要随着客户的接受度灵活变通,不要拘泥于一种方式,那样只会挡了自己的财路。当下,大多数的医疗险还是在以附加险的形式买卖,可以说单独卖是有一定风险的。而且,单独卖其实就相当于销售中的单件购买,通常都是按照零售价格出售的,对客户而言,单独购买医疗险的价格必然显得过高。所以,这种销售方式如果做不好,我们的业绩就会不景气,但我们不可以因此坐以待毙。既然这是一条新路子,我们就要勇于克服未知路途中的艰难险阻,对客户和自己都多一点耐心,坚定而果敢地走下去。

■ 果断地帮客户作出抉择。

客户都是这样,对产品种类信息知道得越多,反而就越难作出决定。例如,我的一个做医疗险的朋友告诉他的客户:"现在我们公司正在搞活动,医疗险也可以单独卖了,您可不要错过哦!"客户先是喜出望外,随即若有所思地问:"什么?有这等好事,不会有什么猫腻吧?我还是再好好想想吧!"结果那个客户比来比去,一下午过去也没有作出决定,其间还给亲戚朋友打电话询问,也没得出个结果,急得我那个朋友最后无奈地说:"我看还是算了吧,要不您还是按照以前的购买方式买吧,还是别尝试新模式了。"要知道,客户本来就在犹豫中,没什么主意,经推销员这么一说,客户当然就放弃了新模式,推销员也无形中放弃了新的财路。所以,当客户犹豫不决时,我们千万不能放弃,而是要果断地帮助他们作决定,即使不由我们说了算,也可以在一旁敲边鼓,给予建议,逐渐引导客户。

消除对重疾险"嫌长爱短"的心理

Mr. 保险精英

> 有时候,争议与质疑对于医疗险的完善和发展是件好事,关键在于你想怎么利用。

"**重**疾险不就是大病吗？大病不就是绝症吗？保险公司赔给你保金时,你的命也快没了。"一提到医疗险中的重疾险,很多客户都有这样的想法。

事实上,对重疾险的质疑早已存在,多年前,有一封名为"千万别在中国买大病保险"的邮件在网络上疯狂转发,引发了一场重疾险的"大地震"。随后,重疾险中诸如难保大病、条款复杂、保费巨高等苛刻问题引起了社会的高度关注,一时间,为重疾险的推销员们带来了重重困扰。

现场直击

推销员小琳遇到了一个难题。

对于眼前的这位客户,无论小琳怎么说重疾险的好处,客户都不为所动,只是不停地挑毛病。

小琳终于没有了耐心,气势汹汹地丢给客户一句:"我说您到底诚心买吗?我这么苦口婆心说,您却听不下去,我看像您这么挑剔的客户到哪里也买不到想要的东西!"

小琳的难题"解决"了,因为客户已经走了……

客户挑剔,说明对产品还存在疑问,可小琳却嫌客户烦、没诚意,不但不耐心向对方解释,反而给对方"泼冷水"、妄加批评,最终也吓跑了客户。

同样的,推销员白薇也遇见过上述案例中的客户,不同的是,白薇不会采取如此极端的言语。事实上,为了避免这类问题发生,白薇总是事先为客户做一个"具体问题具体分析"的小册子,还没等客户挑剔,白薇就已成功消除了客户的疑虑,就是这样一个小小的细节使白薇征服了无数客户的心。

白薇明白,如果不引导对方而是采取粗鲁的方式,不但不会让客户动心,反而会加剧他们的反感心理,这样一来,就算第一次销售成功了,客户也很难再找上门来。

方法践行

看来,我们自己首先必须明白这样一个道理:我们与客户签约的保单就是合同,即使再怎么"人性化",误解和争议也在所难免。而我们要做的,就是像白薇一样,引导客户扭转"嫌长爱短"等类似错误心理,这才是精英们最正确的销售之道,以下方法或许会适合你。

■ 做一本小册子,让客户对重疾险保障范围一目了然。

很多客户对重疾险有误解,最主要的还是因为对其保障的范围不满或不懂。这时，咱们推销员应主动讲解并随手附上一本包括如下内容的小册子："急性心肌梗塞、严重脑中风、恶性肿瘤、冠状动脉搭桥手术、重大器官移植、慢性肾衰竭尿毒症、严重烧伤、瘫痪。"

不妨这样说："这是有关部门最新确定的八种'核心疾病'，就是为了化解之前我们对重疾险的一些不满规定而确立的，这些病症当前发生率都较高，能切实保证投保人的利益。"如果客户还有疑问，你可以这样安抚："您尽管放心，国家为了使重疾险更加规范，更好地保护消费者的利益，自 2011年 4 月以来，重疾险标准制定工作已经正式启动。所以，这个险种还是很规范的。"如此一来，相信客户的疑虑就已消除了一半。

■ 不和客户绕弯子，劝其投保不能"嫌长爱短"。

由于重疾险在前期带给人们的误解仍不能完全消除，所以，作为推销员，我们不能对这些敏感问题避而不谈，而一味地和客户吹嘘重疾险的好处，这样做反而欲盖弥彰。最好的方式就是不和客户绕弯子，顺着客户的思路，对其表示理解、同情或赞同，而不是无奈、挖苦或反驳。在顺势而为的前提下，我们要针对客户投重疾险的观点和态度，劝其不能"嫌长爱短"——"投短期的消费型险种固然能够让您轻松应对保险业更新换代的步伐，但一年或五年的短期产品并不适合所有人。因为很多虚缴的保费都是随着年龄的增长而增长的。所以，您应该慎重考虑。"面对这样亲切而朴实的提醒，哪个客户会不动心？

■ 帮客户算一笔关于保费的长期账目，用事实说话。

有的客户，无论你跟他说什么，他都不会相信，而且这样的客户并不占少数，请不要再为这类客户伤脑筋，最好的办法就是用事实和他们说话。

记得我当年劝一位 40 来岁的老客户不要选择短期的重疾险："依照现有的产品费率来看,您超过了 40 岁,保费也会随之大幅提升,而且返还的比例还不怎么高。如果您持续地投保,最终的总保费很可能超出所购买的产品。"老先生听了怎么也不相信,后来我就分别列数据给他看,短期长期应缴的保费和可返还的保费一一给他列清楚、讲明白,最后他终于笑着点点头,接受了我的建议。

与其他险种搞组合更大卖

Mr. 保险精英

组合其实是一种"强强联合"，毕竟一个人的力量是有限的。

近几年，我们不难发现，养老和健康正逐渐成为全社会关注的热点话题，养老、健康是我们每个人都需要、迟早要面对的大问题，但普通老百姓养老防病的保障明显不足……

说到这里，可能有推销员要问了：你不是在教我卖医疗险吗？说这些没用的干嘛呢？

其实不然，你仔细回想一下各个保险种类的概念就会发现，很多保险内容在不同的险种里有相当一部分是重合的，这说明了什么？说明了它们互相之间是有着微妙的联系的。

现场直击

张新和赵刚是一起入职的医疗险推销员，没想到的是，仅仅一个月过后，两人的差距就此拉开。其实张新在工作的第一天起，就已经暗暗和赵

145

刚较劲了，但她不明白为什么自己明明那么努力，最后却还是输给了赵刚。赵刚第一个月推销保单总额为 50 万元，而张新只有不到 20 万元的业绩……

当局者迷，虽然张新不明白原因，但后来身边好心的同事告诉张新，是因为她的推销方式太死板了，医疗险利润本来就少，需要和其他产品组合才更好卖，张新这才恍然大悟。

李天羽出差去上海某知名酒店为客户下单，那位客户购买的是意外医疗险。李天羽是个聪明而注意细节的人，他来到酒店的第一感觉就是：虽然大厅金碧辉煌，但地面瓷砖过于亮眼，脚底总是很滑，他注意到特别是那些穿着高跟鞋的女客户们很容易摔跤。后来，李天羽在客户签单前抓住了时机，把这个问题反映给客户，客户想想的确在理，于是问李天羽该怎么弥补。李天羽顺水推舟："这很好办，如果您不介意再多付出一点点，我可以推荐给您公司最新的产品——雇主责任险，这两个一起买还有优惠哦。这样，即使发生了意外，您也可以少担一点风险。"经理接受了李天羽的建议……

李天羽并没使用太多的"花招"，就成功卖出了两份产品，这都要归功于他巧妙地组合营销，也成全了自己的业绩。

方法践行

很显然，一种医疗险不可能适合所有人，所以保险业才有了那么多有针对性的险种，而对于保险精英们而言，就是要按照下列方法，学会巧妙地组合营销。

推荐客户与终身医疗险组合购买：晚年的幸福才是真正的幸福。

科学研究表明：在人的一生中，有 80％以上的医疗费开支都发生在 60

岁之后。如果能让客户明白这一点,就可以适时地向其推荐与终身医疗险组合购买,以弥补社保等其他产品的不足,让自己的晚年生活与健康得到最大的保障。如果此时客户仍没有被吸引,你就要更加详细地解说:"终身医疗险通常都会提供手术津贴、重症监护津贴、住院津贴等费用,另外,到您的老年,每年还会增加四五千的补贴费用,真正关爱您的一生。"总之,要让客户感到晚年的幸福生活近在眼前,能够得到可靠的保障和实惠,他才会愿意接受这个组合。

■ 推荐客户与意外险组合购买:让痛苦来得不再那么突然。

与意外险组合推销,对保险精英们来说并无难度,因为你不说客户也明白,意外人人都会发生,并且是毫无征兆的时时刻刻都会发生,但明白和是否愿意购买却是两回事。要想彻底征服客户,我们得向客户强调意外风险中的保障才行。另外,我们还应向客户表明这一险种的特点以及好处:"意外险通常都是附加险种,保期短,因而保费也相当便宜,只需一两百元人民币就可以享受最高一万元待遇的意外医疗费,您也知道,人生中的意外难免发生,但我们却无法保证随时都有流动现金可用,何不组合购买,让痛苦来得不再那么突然呢?"相信犹豫的客户听了介绍后也会不由得为此动心,从而购买。

■ 推荐客户与团体医疗险组合购买:以最大力量弥补医疗费差额。

不要觉得团体医疗险与个人无关,只能卖给小团体。但事实上,如果你能把团体险卖给个人,就相当于让你的客户为你做了转介绍。另外,向客户推销团体险时要着重突出其方便、简单、安全性高的特点。你可以这样介绍:"咱们国家规定只要是合法存在的团体,且人数达到5～8人,就可以投保,保障期限也是一年左右,虽然团体解散或有人中途退出团体,则个人不再享受应有的待遇。但至少您的短期利益在一个团体范围内能得到保障,同时也能弥补医疗费的不足差额,您何乐而不为呢?"总之,不要让客户觉得人多投保就变得复杂,他才更乐意去执行。

别让客户对医险持观望态度

Mr. 保险精英

买医疗险是"救火"而不是"纵火",不需要隔岸观火,只需立即行动。

无论是多么具有潜力的市场,都存在总是持观望态度、犹豫不决的客户。作为医疗险推销员,更是每天都会碰到类似这样的客户,看上去似乎购买意向十足,和你聊很久,但往往就在即将在保单上签字时却开始拿不定主意了,犹豫再三。这就像下面案例中发生的事情一样……

现场直击

推销员曹阳开心极了,因为他觉得对面这位大客户就要接受自己的产品了。

谁料,半路杀出个程咬金。客户想了半天,突然犹豫起来:"你推荐给我的医疗险,说实话我很满意,但我还是再考虑一下吧。"

这时,曹阳的开心之情一下子降至冰点,慌乱地说:"为什么呢?您刚才不还非常着急购买吗?难道您有什么不满意的地方吗?"

客户再次重复:"我说过,对于产品,我很满意……"

就这样,两人僵持了半天,最终也没有确定个结果。

曹阳错就错在,当客户犹豫不定时,并没有继续采取引导的"进攻"方式,而是质问起客户"为什么",即使客户有难言之隐也不会再说了,而僵持的结果只能是无疾而终。

张菲也经常遇见明明已经给你感觉马上就要购买的客户,突然就说要再考虑。但张菲总是能巧妙地打消客户的这种徘徊态度。

客户:"你的医疗险产品还不错,基本符合我的要求。"

张菲:"那接下来我们谈谈合同如何?"

客户:"这个嘛,我还是再考虑考虑吧。"

听了这话,张菲的心"咯噔"了一下,很显然,客户还是抱着观望的态度,怎么办呢?

张菲先是假装并不在意,然后转移话题,迅速把产品的亮点展示给客户:"对了,您还记得前几天的新闻报道吗? 有一位客户起诉了向自己推销医疗险的推销员,只因那位推销员没有做到承诺中的售后服务。不瞒您说,您可以打听下,我们公司医疗险产品的售后服务在业界那可是数一数二的。"

张菲见客户开始若有所思,于是继续用一些神秘的小优惠,吊足客户的胃口:"还有一点忘了告诉您,最近我们公司正在搞活动,您现在购买的话,免费赠您同等价位的组合产品!"

这时,客户好奇心大增,立刻转变了之前的态度,表示愿意继续合作下去。

比起曹阳,张菲的做法更明智,至少她不是在客户犹豫之时继续向其制造问题,而是激发吊动客户的胃口,从而再次引发客户的购买兴趣。

方法践行

可见,对于持观望态度的客户,我们不仅要向第二个故事中的主人公一样引导他,跟对方分析医疗险的市场,更要想办法搞定这类客户,推其立即行动,从而提高医疗险的成交率。那么,具体应该怎么做呢?

■ 吊足客户胃口,让其轻松作出最终决定。

得不到的东西才是最珍贵的——这是人们的普遍心理,也是大部分客户的普遍心理。只有他们越想拥有的产品,才会越想早些购买。所以,我们不妨利用客户的这种心理吊足他们的胃口,给他们制造一种"机不可失,时不再来"的氛围。

例如,客户本来已决定购买已有的医疗险品种,但突然又想再对其他产品考察一番再作决定,这时你就可以故弄玄虚地说:"您现在选择的产品其实刚好在最优惠的期间,而且今天是最后一天,过了这个期限就又恢复到原价了。所以,为了您的利益着想,如果您需要,最好还是早点定下来。"像这样嘴上劝客户拿定主意,其实是在促使他不要持观望态度,迅速作决定。

■ 劝客户先买回去试试看或少买一些,辅助对方作决定。

客户有时候之所以会犹豫不决,除了某种客观原因,最主要的还是因为主观意识上对产品缺乏信心。这时,如果我们一味地加以劝说,除了浪费彼此时间还会让对方误以为我们是为了一己私利而"欺骗"对方快点签单。

这时,我们不妨对其停止劝说:"这样吧,您不妨先买医疗险中的一个小品种试试看,过几个月如果觉得受益颇多再来继续投保也不迟。"通常,推销员的这种建议会被客户看做是"为顾客着想",经过一番思考后,反而会让对方加深信任度。

■ 制造假象,根据对方反应上演"欲擒故纵计"。

有的时候,客户持观望态度并不是刻意而为,而是他们本性就属于做事拖拉、优柔寡断型的。这时我们就可以对其欲擒故纵。

例如,你可以装作顾客盈门,必须立刻离开的样子,匆忙地说:"不好意思,我看您大概还需要一定的时间考虑,我已经和另一位顾客约好一会儿就要见面,昨晚他就已经通过电话和我预约了医疗险的产品,我必须现在过去和他签单子。等您决定好了我再过来吧!"这样的言辞往往能使客户本不着急的心一下子提了起来。

强调需求，喂对方一颗定心丸

Mr.保险精英
　客户就像一个胆小的孩子，在不确定
自己需求的情况下，充满了不安全感。

推销员每天"阅客无数"，但依然难以把握每个客户的真实想法。因为每个客户的兴趣爱好、经济状况、社会地位各有不同，因此具体的需求也就千差万别。

那么，如何才能做到先知晓需求再强调需求？看看故事中的主人公们是如何做的吧。

现场直击

推销员刘裕似乎越来越难展开每天的工作了，因为他觉得每天自己约见的客户很多，但成功率却很低。后来，在公司的一次总结会上，通过其他同事的讲述，他才明白，原来是自己没搞清客户的需求。

那位同事总结道："我发现自己总是把我们认为的'需求'强加在客户头上，结果对方根本不需要，而推销员自己还全然不知。那么这时，即使你

153

滔滔不绝说上一整夜,也无法为对方下一颗定心丸。"

刘裕不明白,急着问同事:"为什么啊?定心丸有什么用?说服客户购买不就得了。"

同事幽默地解释:"这很简单,就像咱俩面对面正谈话,突然我尿急需要立刻上厕所,这时我就会想'你怎么还没说完啊'、'你什么时候才能说完啊'之类。并且,在你没有讲完之前,我的心会一直惦记着上厕所这个事,并感到忐忑不安。"

听了这话,刘裕先是大笑不已,而后会意地点点头……

看来,如若推销员自己都不知道客户的需求,又怎能向客户强调需求,煽动客户来购买呢?而客户作为利益的维护者,在没有对自己的需求完全放下心前,是不会作出购买决定的,客户只有肯定"这就是我想要的产品"时才会立刻签单。

在培训期间,推销员张天爱就明白"一定要让客户知道自己的需求"这个道理,于是他在后来正式推销工作中,格外注意这一点,只是他做过了头。

在与客户的交流期间,张天爱发现客户最怕家人出意外,所以他判断客户需要一份意外医疗险,结果客户真的需要这一产品,并很爽快就决定购买。

可张天爱依旧不依不饶地和客户谈论意外医疗险对家人的重要性,客户最后无奈地解释:"我还有事,必须先走了,回头给我打电话签合同吧!"这时张天爱才恍然大悟……

试想,这个客户如果需求强烈,还有可能回来和张天爱签合同,倘若他的需求不强,买不买都行,这一走就很有可能不再回头了。

方法践行

不要像上述案例中的两个推销员那样,要么嫌客户的需求太多,要么在一个需求上唠叨没完。倘若作为代理人的我们不能点到为止地掌握客户的需求，也就无法向客户强调"你真的需要这个产品"，更无法为其提供高效的服务，最终既提高不了客户的满意度，也提升不了自己的业绩，所以，你应该按照如下方法改进自己。

■ 通过分析客户顾虑，精准定位需求。

客户的顾虑是推销员难以辨认其真实需求的原因之一，但客户存在顾虑是很正常的事，最明智的做法就是尽可能帮助客户排解这些顾虑，并从中定位其需求，而不是任凭对方发问或抱怨。

很多客户的顾虑是出于不确定我们为其推荐的产品是真是假，是不是真的像我们说得那么好。这其实意味着我们在为客户做完相应的保险计划书后没有向客户讲清楚，导致对方没有真正理解计划书中的内容所致。对此，我们不妨改变介绍产品的方式，直到对方满意为止。要知道，客户对产品有顾虑说明他还是有购买保险的打算的，因为他已经在关心具体的产品了。所以，客户的顾虑应该成为我们挖掘其真实需求的一个机会，而不是就此放弃的理由。

■ 通过询问强调需求，一举多得。

询问是推销员与客户之间最好的沟通方式，它不仅能使我们在诱导客户回答的过程中发现客户的真实需求，还能通过恰当的、反复的询问强调客户的这一需求，从而让客户意识到购买当前这份医疗险的重要性。

需要提醒的是，我们千万不要像上了发条的机器一样问起来没完没了。我们问的目的是为了无限接近客户的真实需求，而不是成为一个"好奇宝宝"，打探客户的一切。问题只要点到为止，达到强调、让对方安心的目的即可收手。

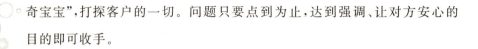 **找出问题症结，逐步导出需求。**

通常情况下，客户的需求分为"有声"和"无声"，顾名思义，有声的需求是不用我们询问，客户就会向我们提出。而无声的需求则往往隐藏于客户的内心，很难被挖掘，却是最真实的有价值的想法。这时，我们可以通过提问，找出问题的症结所在。例如，"您看这样合适吗？"、"难道您不希望自己未来的健康有一份可靠的保障吗？"……尽量只让客户回答"是"或"不是"，因为对方肯定的态度更有利于我们认清本质、找到对策。

医疗险不用老一套营销手段

Mr. 保险精英
　　要想把最普遍的东西卖出去，拼得不再是专业和技术，而是营销手段。

曾 有一位同事向我抱怨："都说医疗险最容易做，因为它很普遍，人们对其了解和认知也比较多，但我每月的业绩还是基本持平。而且医疗险本身就相对比较便宜，理赔却一大堆麻烦事，有时客户找我做我都不想做呢。"

　　存在这种心理的保险界的同仁们并不占少数，没错，在很多人看来医疗险的确便宜又好做，但为什么还是有做不出业绩的推销员呢？先听听下面的小故事吧。

现场直击

　　推销员王选最怕参加公司的展业培训了，因为他觉得光听不做，学习再多的大道理也没用，还不如在实践中摸索。于是，只要公司一有培训活动，他就借口不去参加。

结果，当别人已经开始用新方式营销时，他却还在用着自己的老方法，并不停地抱怨自己业绩平平。

有一次，王选无意中遇见一位曾合作过一次的客户，或许他并没有想到客户会第二次找上门，结果他依旧用老一套推销话术和方式，开口就说："一看您的气质就超凡脱俗，和我之前见过的客户都不一样。"

客户一听，就对王选的印象分大打折扣。

不料，王选见客户没反应，继续说："现在我们公司正在搞活动，您买一份医疗险，免费赠送三个月保费哦！"

王选连推销的手段都是一模一样，客户听了心想：这样不敬业的推销员能卖出什么好产品来，不买也罢，于是丢下一句："贵公司的活动到现在都还没结束啊，我还是去其他公司转转吧。"转头走了……

实践出真知，但话虽这么说，作为推销人最不应该拒绝的就是学习，特别是随着竞争越来越激烈，学习一些新式营销法也是我们提高业绩的不二法宝。

客户李太太是个精细的人，买任何产品也总是小心翼翼。虽然推销员赵明已经讲解得很细致了，但没想到的是，李太太依旧不停地问产品以外的专业知识，这让赵明很是为难，甚至觉得自己就快答不出来了，越想越是头疼……

突然，赵明灵机一动说："不好意思，李太太，刚才公司发来信息说有个紧急会议需要召开，我得马上回去，这样吧，如果您不介意，今晚我请您吃饭，并且一一回答您的问题，一定让您满意为止。"对此，李太太一口答应了。

就这样，赵明借故离开了，但他并没有真正开会，而是回到办公室，根据李太太的提问，做了一个简易知识手册。

晚上,李太太如约而至,赵明把制作好的小册子交给了李太太,并亲切地说:"这可是我专门为您制作的哦,我看您对医疗险的相关知识比较感兴趣,但有点东西我一时半会儿又说不清,所以会后我顺便为您制作了一个小册子,上面还有我的新浪微博地址,您如果还有不明白的地方,咱们可以网上随时联系。"

对于赵明细心而体贴的"关怀",李太太受宠若惊……

客户的心情是可以理解的,因为他们通常会把我们想象成"专家",所以一些好奇的客户就会不停地发问,这时推销员的专业知识就派上了用场,更重要的是,还可以像赵明一样通过一定的营销小技巧恰到好处地表现出来。在李太太眼里,赵明是细心而体贴的,而事实上,这只不过是作为推销员的一种新式营销手段而已。

方法践行

可见,并不是你赚不到钱,而是你的展业方式过于陈旧,在没有新认识的基础上,也难以找到新的营销手段。试想,如果连大家都知道的东西都卖不出去,那有难度的险种呢?具体如何提高展业方式,请看以下建议。

■ 为自己更新理念,把缺点转化为营销优势。

医疗险的确存在保费相对较低、佣金相对较少、售后服务要求相对较高的特点,但这并不完全是它的缺点,如果推销员能够正确对待,这些反而会成为独特的营销优势。

首先,保费较低,那么和其他险种对比,客户就更容易接纳低额度高效率的产品。其次,售后服务要求越高,说明我们与客户接触的机会就越多,为其解决问题的机会也越多,最终赢得其信任的机会也越大。如此一来,我们就不必为客户的信任度而担忧了。所以，只是换一种理念而已，就能把缺点转化成优势，岂不是一件乐事！

■ 通过为客户普及医疗知识，树立形象。

很多推销员熟悉做医疗险的业务流程，却不见得懂得多少医学知识，但其实客户都希望找一个专业的代理人，所以，我们应该利用专业知识来拓展业务。例如，在吃饭休息时，可以阅读一些有关癌症或其他病症的书籍，掌握基本的病因、症状及预防、治疗方法等等。一有机会，就可以对客户普及防癌知识，或者整理成资料册，定期发放给客户。不要觉得这样做远不如去说服一个客户更有价值，但客户之间存在口碑效应，当一个客户觉得你耐心地向他们普及知识时，他们就会不由自主地把你做事认真等信息传递给其他客户，无形中为你树立起了良好的口碑，那么，你的业绩自然会逐步攀升。

■ 根据客户需求差异化制定不同的分销策略。

世界上没有完全相同的两片树叶，即使是同一种类型的客户，其需求也可能千差万别，这一点正促使我们改变已有的营销手段。

我们应该根据客户的需求进行细分，以他们的个性化需求为基本导向，在大同中求不同，并据此制定具体的目标策略。例如，琢磨客户是适合组合营销还是利用口碑营销；或者为客户定制专门的医疗产品和服务，让客户的需求在得到满足的同时，感受到贴心的服务。

精英之道：托德·邓肯的推销法则

托德·邓肯被誉为美国最伟大的推销员之一，对于推销，他有专属于自己的一套法则。

● 法则 1：为自己喊口号"我能行" ●

一句"我能行"说得轻松，但却不是人人都能做到，特别是对于压力无限大的保险精英们来说，更是难上加难。但为什么还要喊出这句口号呢？

你可以去观察一下推销员的汽车后座，不难发现很多人都放着一份名副其实的激励产品：宣传成功思想与法则的小册子、录像、图书、磁带等等。

很显然，他们之所以一一备齐，是因为这些产品在一定条件下对推销员发挥着积极的作用，虽然经过大师们智慧洗礼的语录并不能改变什么，但至少可以激励自己向着大师那个目标前进、努力。

不要觉得每天对着镜子空喊口号是件很难堪的事，毕竟，并不是每个保险推销员都有资格炫耀成功。既然不可以炫耀,那我们总可以表明自己的态度和决心吧,而事实上,当你在为自己打气的瞬间,已经不知不觉开始努力了呢!

• 法则 2：推销源于动机 •

正确的销售应该依赖于我们的动机而非热情。对于这一点,托德·邓肯是这样解释的:"从心理学的角度而言,热情往往是来自于情绪的高潮之上、那天那时的感受之上,很难保持持久的冲劲。没有深入挖掘主要销售动机而试图保持销售能量,就像尽力跑马拉松仅靠鼓励而没有食物和水一样。发令枪响起后,不论你分泌了多少肾上腺素,当身体营养耗尽时,鼓励并不能提供身体所需的能量而使你继续前进,最终你会倒下来。"

可见,即便你是想煽动自己的热情,也要依赖于你的主要销售动机,因为唯有动机才能产生行为。

托德·邓肯认为:"短暂刺激只是催化剂,激发你现有的动机,从而引起一系列以动机为中心的行为。但仅仅依靠短暂刺激不能真正产生行为,它不能长期维持你的热情。或许你也有过这样的体会。"

所以,想要成为精英,请先找到自己的推销动机!

• 法则 3：成功源于自己 •

对于这一点,托德·邓肯毫不掩饰地说:"为了成为更好更热情的销售人员,一个普通的保险推销员在我们公司的培训产品和培训班上一年花费近 5 000 美元。每年听我演讲的销售人员,近 1/3 以前就是我的听众。这些数字表明,销售人员确实想成功,他们希望不断受到激励。他们不是因为培训产品和研讨会有趣才破费,他们只是为了成功。他们渴望寻找到一剂奇药,使他们能与同事们平起平坐,能在任何情况下都保持销售热情,能激发他们超越平庸。但许多销售人员并没有意识到,保持销售热情的奥秘在于他们自己,而非最新、最棒的'如何成功'的商品。"

　　由此可见,真正的成功源于自己,最好的激励由自己给予,这即是最好的推销法则。

下一个精英之教育险

卖的是让子女前程无忧的证书

解析 教育保险,顾名思义是针对子女教育而推出的一款保险产品,具有强制储蓄和保障的功能。卖教育险,要特别强调子女未来的既得利益,让父母肯心甘情愿地拿出现钱投保。

区分开教育保险和教育储蓄

孩子不仅是家长手心里的宝,更是他们未来的希望,孩子从一出生到上大学的二十多年里,需要花多少钱,估计再会精打细算的家长心里也没底。但对于家长而言,最大的愿望就是让孩子能够接受到最好的教育。

而随着近几年来教育事业的发展和普及,家长对子女教育的重视程度早已超乎我们的想象。同时,越来越多的家长开始把筹集子女教育基金列入了重点理财项目,教育保险和教育储蓄就成了主流理财方式。

现场直击

张帅在教育险推销之路上,曾经历过一次很特别的销售,因为那次经历短暂得让张帅来不及应对。

张帅询问一位家长:"您为孩子买教育险了吗? 看看我们的产品吧!"

家长的回答却是:"对不起,我昨天刚给孩子办了教育储蓄。"

很明显,这位家长并不了解教育保险和教育储蓄的区别,张帅却忽视了这一问题,继续向家长推销教育险,没等他介绍几句,客户就走掉了。

推销员赵博文得知老客户张经理最近喜得贵子,全家正在庆祝,立刻闻讯赶去道喜。

赵博文:"恭喜您,张经理,刚才看到了您可爱的儿子,胖乎乎的,而且和您长得一样帅,以后您可有得忙了呀。"

张经理:"的确是这样的,不过我已经做好了十足的准备。"

赵博文看张经理一副胸有成竹的样子,拿出手中的保单说道:"张经理,这是我们公司最新推出的教育险,也是我为您儿子精心准备的礼物!这个险种可是有分红保障的哦!"

张经理听了喜出望外:"你真是贴心呀,而且又有分红,真是不错,太实惠了! 这样吧,虽然我还不太了解教育险,但我决定听听,就图给儿子未来一个保障……"

赵博文用行动取悦了对方,用看得见的实惠获得了对方的认可,客户最后做出了签约 10 年的决定。

方法践行

通过上面的小故事不难看出,很多家长对于教育保险和教育储蓄的区别还处在一知半解的状态,所以身为一名合格的推销员,你应该寻找一些方法帮助家长们区分开这两个不同的产品。

■ 根本区别：更加强大的保障功能。

面对两个比较相似的产品，推销员不宜对客户故弄玄虚，在两者之间绕弯子，而是要一针见血地为客户指出教育保险和教育储蓄的根本区别："我承认，您之前购买的教育储蓄的确有很多优势，但您是否有过这样的感触，您总是一不小心就将教育储蓄和家里其他部分的财产存在一起了，目标细化很不明确，万一将来有什么重大事情，好不容易为孩子存下的钱就被花掉了，以至于等孩子要用钱时却没钱了。"如果这时客户若有所思地点点头，我们可以继续说："但如果您选择了教育险则不会出现这样的情况，因为教育险一向是专款专用，我们公司会代您管理，只有等到您的孩子升学时才能使用，这样您就不必担心孩子将来急着用钱时拿不出手了。"最后别忘了通过对比为客户总结，教育险的保障功能更加强大，以说服客户购买。

■ 有分红与无分红，让客户看见显而易见的实惠。

如果我们直接递给客户一份教育保险与教育储蓄差别的文件，对方可能很难看懂，但如果我们通过利益诱导，简单明了地解释两者的区别，对方则很容易接受。例如，你可以这样解释："教育储蓄可以说是单纯的银行理财产品，只有储蓄的作用。而教育险不但有储蓄作用，还有保险这一保障作用，而且其中很多产品还有分红的功能，但教育储蓄则是没有分红功能的。"如果此时客户的反应良好，我们还可以顺势为其推荐主险，并购买相应的附加险作为补充，或干脆向其推荐连身保险，即通过对子女的全方位保障，使全家都拥有不同程度的安全感。在利益面前，哪个客户会放弃呢？

■ 通货膨胀当前，选择教育险更安全。

　　月有阴晴圆缺，世事多变，当通货膨胀、金融危机来袭时，很多家长就乱了阵脚，而推销员恰恰应该把握住这一时机。很久之前，有个家长朋友跑来问我："现在通货膨胀愈演愈烈，即使我现在存十万八万，等我的孩子二十年长大后，可能现在存的那点钱到那时就什么都不够干的了，我真是越来越不相信教育储蓄了。"其实，如果你细心观察，就会发现现在很多家长朋友都存在这样的疑问，后来我告诉她："可以说，教育储蓄可以满足您的基本需求，却存在一定风险，比如存款人中途发生意外，那么就无法再继续储蓄了。但教育险就完全不必担心，因为无论存款人是否发生危险，您的教育险在兑付时都不会受到任何影响。"那位家长朋友听后喜出望外，并明确告诉我要买教育险。可见，只要推销员能帮助客户区分开两个产品的差别，客户对教育险的认可度还是很高的。

给父母"一定能完成"的承诺

Mr.保险精英

承诺的魅力就在于能让人高悬的心落地,所以不要小看承诺。

俗话说孩子是父母的天,而父母则是孩子的保护伞,天再大,也比不上父母之爱伟大。就像很多家长,一有钱不会想自己怎么花钱潇洒,而是第一时间想为孩子买一份最好的保险。但他们买的并不完全是保险,而是无论何时何地都存在着的对孩子的那一份呵护,让孩子免于风险,茁壮成长。

正是针对这一点,教育险特别添加了"豁免保障",即保障无论未来发生多么糟糕的事都不会影响孩子的未来。

现场直击

推销员赵永林正在和客户争论不休,原因是客户因为不确定购买了他的教育险后是否有可靠的保障,所以非要让赵永林给一个承诺不可。

但赵永林又怕自己承诺后如果客户对产品不满意,真的找上门来问题可就棘手了，于是两人互相僵持着……

其实，客户之所以希望得到一句承诺，是因为对产品不是很有信心，这就好比一个和你相恋了多年的恋人同样希望你给她一个爱的承诺一样，推销员不应拒绝。

和赵永林恰恰相反，无论客户提出什么要求，推销员张永峰都能迅速作出承诺。只是，他忽略了执行这一点，有时就连自己明明做不到的事情也给出了承诺。

有次客户打电话向张永峰抱怨："你当初不是承诺过我，售后服务是免费的吗？怎么今天我去了你们公司他们还收费啊……"

这时张永峰对自己当初过分的承诺追悔莫及……

没错，给客户一定的承诺是为了让客户高悬的心落地，是推销员应该做的。但倘若对无能为力的事情也作出承诺，就是推销员不负责任的表现了。

方法践行

可见，教育险的投入并不是一蹴而就，它往往需要十几年的时间和过程，所以家长们难免担心，十年过去后真的会有保障吗？这时，推销员是时候的一句承诺就显得格外重要。

承诺要适度，不要让客户增加疑虑。

承诺是用来增加客户购买信心的，适度的承诺是让客户顺利签单的助推器。所以，如果客户向我们提出的要求是合理的，我们就要学会借用承诺的力量让客户在充满期待中下单。例如："对于教育险的期限，您大可以放心,我向您保证……""如果您在购买后有任何异议,都可以随时找我!"
"如果您能现在签单,我可以答应您……"试想,如果对于客户关心的问题,
我们都无法给予及时的承诺,客户就会增加对现有产品和服务的疑虑,甚
至作出放弃购买教育险的决定。

■ **承诺要坚定,不要让客户产生怀疑。**

我有一位做保险的朋友曾被客户问道:"如果我买了教育险,你们一定
能做出保证吗?"我那朋友一听,原来是客户希望得到承诺,但他想,万一到
时真出什么问题,自己该如何担保呢?结果他在犹犹豫豫中也没有给客户
一个满意的承诺,结果客户掉头就走。

可想而知,承诺一定是一句肯定的话。那么,我们在向客户进行承诺
时,切忌不要唯唯诺诺、支支吾吾。如果我们表现得不够坚定,说明我们对
自己的产品也不是很有信心,那么客户就一定会对我们作出的承诺产生怀
疑和不满。

■ **承诺要实际,不能满足的条件拒不承诺。**

我曾发现很多同事喜欢在客户面前夸海口,无论是自己能办到还是不
能办到的通通先丢给客户一句承诺,或许客户当时感到心花怒放,但当现
实将承诺冷却后,他们就会感到心灰意冷,继而会因此觉得推销员不靠谱,
最终成了所谓的"一锤子买卖"。所以,如果客户的要求在我们能力范围之
外,就不要轻易作出承诺。此时,我们不妨转移话题,逐渐淡化客户当前的
需求,或者干脆直截了当地表明我们的难处,如果这样依然不能使客户满
意,那么我们宁可失去一次机会,也不要冒着失去信誉的危险去"欺骗"客
户,否则我们就再也没有被信任的机会了。

强调可兼得的三重功能

Mr. 保险精英

　　虽然鱼和熊掌不可兼得,但如果你给他一个可以兼得的理由,他就一定不会拒绝。

很多客户都存在这样一种普遍心理:如果能花最少的钱购买一个险种,但能收到最大的利益,就一定不会再去找第二个险种。教育险有这样的优势吗? 先来听听下面这两位推销员又发生了怎样的故事吧。

现场直击

　　客户岳斌不停地向推销员小王抱怨:"我之前在你们公司另一个推销员那里买了份教育险,可是获得的好处实在是太少啦,真不如我之前给孩子存的教育储蓄呢!"

　　小王一听就明白了客户的意思,客户是觉得保障太少,买得不值。于是他话锋一转,避谈保障,而是为其解说此产品安全性能较高,突出了产品的另一种保障,客户这才作罢……

每个客户都希望自己购买的产品是安全的,更何况是给子女的未来买保险,所以要求也会更高,还好小王从另个角度诠释了产品突出的功能,让客户放心,否则客户一定不会买账。

张老师是个十分注重孩子教育的好家长,对于孩子的未来更是不惜花重金,这天他主动向推销员黄斌购买教育险。

张老师主动,黄斌反而退却了,因为他觉得像张老师这种对教育险期望值很高的客户,要求也一定很多,害怕自己的产品不能令对方满意,竟然找借口拒绝了……

试想,如果客户主动找到你,而你却无情地拒绝,对方会是什么感受?想必对方除了对产品大失所望外,对作为推销员的你也失去了信心。

方法践行

看来,我们应该向推销员小王学习,利用大众的"贪欲"心理及教育险这集三重功能于一身的特点,迅速说服客户购买,而不是像黄斌一样,客户还没说不,他倒是先拒绝了。大家不妨来学习几招:

■ 利用强制储蓄功能,帮客户实现财富积累。

很多客户对教育险中强制储蓄这一功能存在误解,特别是"强制"这一字眼让他们误以为是保险公司强制他们存款。曾经就有一个客户问我:"为什么一定要强制存款呢?有种兜里的钱无缘无故被抢劫了的感觉。"事实并非如此,我们在一开始就要向客户解释清楚"强制"的作用,之所以要强制,是为了更好地帮助客户实现财富积累,这样才能保证子女的储蓄计划一定能完成。它只是起一个强制的作用，但我们并没有强迫客户一定要存多少钱，这个是需要根据自己的经济条件和子女未来受教育水平的高低来决定的，只不过是一旦确定了教育险计划，就要每年定额存入罢了。

◼ 利用保险保障功能，帮客户增添安全筹码。

在前面我们提到过，教育险兼有保险的保障功能，并且这一功能更加强大，它除了可以保障子女未来的教育经费，还可以为投保人以及被保险人提供意外伤害和重大疾病方面的保障。所以即便是投保人发生了意外，其子女的教育金储备计划也不会因此中止。所以，我们一定要让客户清楚地认识到，投一份教育险，完全不必为今后的风险发愁，出现变故，我们保险公司将豁免以后应缴的保费。换言之，相当于我们保险公司继续为其子女承担保费，并且被保人原有的权益也不会发生改变。如果每个家长都能体会到自己的孩子能获得如此强大的保障，又怎会有乐不为呢？

◼ 利用理财分红功能，帮客户利益把关。

有时候，不管我们再怎么努力理财，风险还是无法避免，就像任何一个理财目标在尚未实现之前，都是充满不确定性的未知数，但这并不是客户就此放弃教育险的理由，因为没有哪个家长会放弃孩子的未来。所以，不管客户最初的态度如何，我们都必须坚持引导其建立合理规划，并用教育险的分红功能吸引客户的注意力。我曾这样告诉我的客户："教育险多为多次交付保费，您不必担心一时拿不出那么多钱，它和孩子的成长过程是一样的，不会一蹴而就。另外，它的回报期比其他的险种都要长，这对您的孩子来说，是可见的长期利益。"没有不关心利益的客户，后来我的这位客户终于被教育险庞大的利益空间打动，在我的引荐下购买了教育险。

别吝啬赞美，卖教育险要打感情牌

Mr. 保险精英

客户的耳朵容不下批评，赞美却很容易听进去。

每个人都有虚荣心理，客户也不例外。如果你抓住客户的短处不放，对方一定很快就会被吓跑。相反，如果你学会赞美的技巧，客户就会很容易听进去。

现场直击

推销员小李其实很爱说话，但却不怎么会说，而且由于自己之前搞定了好几个大客户，所以在客户面前似乎也有了骄傲的资本，他认为客户如果不买账，不必多此一举地给客户"戴高帽"，赞美对于他而言更像是一种巴结。

可结果呢？最近他才发现自己的客户好像越来越少了……

其实，客户最不会拒绝的就是推销员的溢美之词了，这是大众最普遍的虚荣心理。但小李却固执地认为这是一种巴结，也因此失去了很多客户。

177

与小李不同的是,王炳就丝毫不吝惜口中的赞美之词,用他自己的话说:"我就爱给客户拍马屁,客户开心了,自然就多了一分成功签单的希望。"但凡与王炳打过交道的客户,都对他印象深刻,因为他们在王炳营造出的气氛中,总是开心而愉悦,即使是客户的缺点,经王炳一说,也变成了优点……

没错,王炳就是用这一招"套牢"了很多客户的心。即使最终没能让客户签单,也赢得了客户的心,通常,客户为表达歉意就会主动介绍其他客源给王炳,所以王炳的推销成功率很高。

方法践行

可见,由于教育险的被保险人通常是客户的亲属及子女,你若是能恰到好处地赞美与客户相关的人,对方也会很快买账。总之,和客户的这张感情牌我们一定要打到底!

■ 赞美不是"嘴上功夫",而要发自内心。

很多保险推销员朋友都误以为赞美很容易,不就是要要嘴皮子,给客户拍拍马屁么?事实并非如此。我曾接触过一位很爱面子的大客户,他在购买教育险之前请了包括我在内的几个从事教育险的同仁们吃饭,饭局一开始,另外两个推销员就开始不停地赞美那位大客户:"您今天穿得可真帅呀,一看就都是名牌!""那是,请我们来您还弄这么大排场,一看就是有钱人的作风!"我却忍不住在心里偷笑,因为我发现客户并没有因为这两句话而喜笑颜开,反而显得很不自在。于是我说:"您找我们来,一定是想给孩子买份教育险,可见您既是一位有爱心和责任感的人,又是一位慈父啊!"最终客户选择购买我的教育险,并对我说:"我知道那两个人都想巴结我,但我怎么听都觉得别扭,感觉他们很不靠谱啊,我还是比较喜欢你那句实在话。"可见,赞美并不在于嘴上功夫有多少好听,而是你能否打动客户的心。

■ 把你对客户的期望融入赞美中,引导对方去执行。

有时候,不管我们怎么说服,客户都听不进去,更不肯照做。这时,我们就可以把对客户的期望融入赞美的语言中,告诉客户你希望他做的事,其实就等于为客户安排一个他也喜欢的角色。我曾教过我的学员们这样和家长朋友们说:"看来您真的是一位很重视子女教育并且肯下时间和金钱的好家长,我想在此之前您也一定不惜大手笔为孩子投资了不少教育基金。"家长朋友们一听不禁联想:原来这样做就会成为大家眼中的"好家长",于是便会主动找你购买了。

■ 赞美要在第一时间,过期无效。

很多东西都存在一定"保鲜期",比如赞美。通常情况下,只有在第一时间送上的赞美,对客户才是最有效的。这道理其实很简单,比如你过生日时总希望朋友能在零点的钟声敲响的瞬间给你祝福,过后补上的祝福就很难再打动你;再比如客户的孩子刚刚考上了高中,等他都上了一年学了,你才迟迟送上祝福,对客户而言已经毫无意义。对方非但不会感动,反而认为你不够真诚,不然当初干嘛去了?所以,赞美一定要在第一时间。

算笔账，牵着他们的鼻子走

很多学员问过我：为什么自己总是不自觉地被客户牵着鼻子走？结果要么是客户最终放弃了购买，要么就是我们不得不以最低的价格给他们，约客户谈了一下午，反而是我们赔了？

　　我先不急着为大家揭晓答案，或许你能从下面的小故事中得到一些启发。

现场直击

　　王紫月自从卖教育险以来，业绩一直不俗，在一次展业交流大会上，她这样分享自己的成功秘籍：大家要尽可能多地提出一些自己完全可以计算出数据，然后在自己原有观点基础上，通过算一笔账，可以是客户在规定年限里应缴的保费的核算，也可以是期满后可获得的本金的核算，总之用事实说话才能让客户心甘情愿地跟着我们走……

的确,在她看来,口说无凭,仅靠口头承诺客户是很难相信你的。相反,如果你毫不吝啬地提供一些实时数据给他们看,对方也会因为多一分信任而愿意购买。

对于家长爱"讨价还价"的习惯,推销员顾飞从来就没把这当做什么大事。因为她很善于将教育险中的产品分为不同消费水准的档次,根据客户价格的需要,分别介绍相关产品,通过优劣等级拉开产品的档次,价格档次也分得相当密集,所以,顾飞总能为客户找到一个合理的价格,而客户也会觉得"既然上下差不了多少钱,还是买有品质保证的吧……"

通常,家长对孩子的爱越浓厚,对教育险的投入就越大。可怜天下父母心,每个家长都愿意不惜一切代价为孩子付出,也正因如此,家长在购买时就希望产品能更物有所值,好在顾飞处理得很好,有效避开了议价环节。

方法践行

没想到,案例中的这两个推销员还真是有一手,可见,要想牵着客户的鼻子走可没有想象中的那么容易,我们需要动动脑筋找到正确的方法才行。

◾ 清晰而专业地算好账,博取客户认同。

我们之所以会被客户牵着鼻子走,很大一部分原因在于我们都不清楚自己所在的立场。对于双方讨论的教育险的一系列问题,也只是凭感觉说话,对于客户反问的问题,我们自己都没搞清楚,自然也容易被误导。不要小看推销员的立场,不要以为凡事都依着客户来就是好事,如果你一旦遇到很强势的客户,不知不觉就会被对方牵着鼻子走。所以,既然你是一名专业的推销员,说话就不能只凭感觉,而要让数据替你说话,数据就是你最好的表达方式。

■ 让客户感到物有所值，避开议价环节。

　　心理学研究表明，90％的客户都有求廉和求贵两种选价心理。顾名思义，求廉的客户青睐价格低廉的险种，并且在推销员每提到一句缴费的话时，都会在心里默默精打细算一番，当然，这类客户通常经济能力有限。但对于保费相对较低的险种，我们所能开发的大客户毕竟有限，因此对"求廉"这类客户是不可忽视的。所以，针对此类客户对"廉价"的要求，我们就要突出"物美"、"物值"去覆盖其价格需求。

■ 设置"温柔陷阱"，牵着对方走下去。

　　其实，在我们未作出分析前，客户就早已习惯性地在心底把即将付出的那笔账算得明明白白了。对此，我们不能总是被动地等待事情发生再作改变，而要善于设置"温柔陷阱"，先下手为强。方法很简单，你可以在客户第一次签保单时，故意遗漏某项微不足道的小细节，等着对方回头来找你。这时，你就可以显示自己的诚意，给对方一定的补偿，或免费赠送一些小额的附加险。想必这时所有的客户都会不自觉地跳进这个"陷阱"，甚至有的还可能坚持付款。以一件小账目表明你的做事态度，让对方主动被你牵着走，最终成为你的老客户，但一定要把握好这个小细节的"度"。

看、问、听三招瞄准家长愿望

Mr. 保险精英

> 家长的愿望犹如暗夜里的一盏灯，你只有想办法找到并点亮它，它才会发出光芒，为你照亮前方的路。

子女的教育始终是家长们最关心的话题，于是家长们变成了教育险推销员的"准客户"。但有时，我们即便明知道他们有为孩子投保的愿望，却依然不知如何引导他们购买。就像接下来故事中的主人公一样，虽然拿起了靶子，却没有射中靶心。

现场直击

推销员陈默的口才可以说是一级棒，但就是说不到点子上，他总是在滔滔不绝说一堆后，就用感叹句或陈述句做结尾，立即停止，犹如一出自导自演的独角戏。所以，客户的回答往往是"既然这样，我知道了，先这样吧"，结果不管陈默再怎么挽回也无济于事了……

还没等了解家长的情况，推销就早早结束——这应该是推销员在卖教育险时最大的失败了。因为还没等发现需求,有需求的人就走掉了。

"您好,我是教育险推销员潘升。"客户王总约潘升来到儿子练跆拳道的地方谈业务。

潘升也因此了解到原来王总的儿子在 4 岁时就开始上兴趣班了,不由得感叹:"您的儿子太有才了,将来一定很优秀。"

"您过奖了,但其实他每天练习也很辛苦的,而且很容易发生意外。"其实,这时王总是想问潘升有没有适合儿子的既能保证孩子未来教育又能保证孩子安全的产品。

可潘升的话题却一直围绕着王总的儿子转,王总好面子,又不好主动说。

王总是个急性子,到最后越来越没耐心了,于是本打算投保的想法也就此作罢。可见,潘升是由于没有把握好王总的心理动态,才错失了这次大好机会。

方法践行

看来,有时客户的愿望也需要推销员主动去挖掘,那么,有什么方法可以助我们一臂之力呢?

■ 认真看——观察客户肢体语言把握其心理动态。

美国心理学大师曾做过一项很有意思的调查:声音影响力、语言影响力、肢体影响力,哪一项对推销员的影响最大,结果是占 60%~80% 的肢体影响力。这是因为,肢体语言往往隐藏了客户内心的许多微表情。尤其是家长朋友们,其实他们大多数都巴不得为孩子买最好的教育险,只是由于种种原因而掩饰了真实的想法。所以,我们首先要通过看客户的肢体动作把握其心理是积极的还是消极的,然后再逐步摸索他们的真实愿望。

■ **虚心问——利用提问测试家长的真实愿望。**

当你用尽全力向客户介绍一番教育险的特征后，就会迫切希望知道客户到底听懂了多少、听进去多少、反应如何、愿望有哪些等等。但客户却总是"不配合"地一笑而过。如果你想有效探测对方的真实愿望，不妨多用问句作为每个观点的结尾。

如果你表达完一个观点后再继续发问："您是不是觉得我为您推荐的这个教育险非常适合您的子女呢？"效果就会大大提升，至少客户会紧接着阐述一下他的想法，而不是冷冰地拒绝你。

■ **仔细听——发现家长最关注的问题。**

你有没有想过，如果客户对你说"你的口才真好"、"你真能说"这类的话时，很可能并不是处于赞美，而是厌烦。我相信很多推销员为了说服自己的客户购买产品，一说就是几个钟头，而忽略了"听"的作用。事实证明，那些顶尖的推销员从来都是"听"比"说"占的比重更大。或许你会感到疑惑：如果只是听，岂不又回到了被对方牵着鼻子走的问题吗？没错，我们不能完全说，也不能完全听，但一定要分出一定比例的时间用在倾听上。通过听，你可以发现家长的疑惑、苦恼、不满等一系列问题。而对于家长而言，这种方式不仅表现了你的礼貌，更表达了对他们的尊重，从而能获取更多好感。

精英之道：奥格·曼狄诺让人无法拒绝的秘密

　　奥格·曼狄诺曾在一本书中这样记载过自己对于推销的见解：

　　"强力能够劈开一块盾牌，甚至毁灭生命，但是只有爱才具有无与伦比的力量，使人们敞开心扉。在掌握了爱的艺术之前，我只算商场上的无名小卒。我要让爱成为我最大的武器，没有人能抵挡自己的威力。

　　"我的理论，他们也许反对；我的言谈，他们也许怀疑；我的穿着，他们也许不赞成；我的长相，他们也许不喜欢；甚至我廉价出售的商品都可能使他们将信将疑。然而我的爱心一定能温暖他们，就像太阳的光芒能融化冰冷的冻土。"

　　总的说来，奥格·曼狄诺推销成功最大的秘密就是：满怀爱心——这也是他推销多年来久藏于心的最大的秘密。

● 秘密 1：让人无法拒绝的做法 ●

奥格·曼狄诺曾这样告诉自己："从今以后，我对一切都要满怀爱心，这样才能获得新生。我爱太阳，它温暖我的身体；我爱雨水，它洗净我的灵魂；我爱光明，它为我指明道路；我也爱黑夜，它让我看到星辰；我迎接快乐，它使我心胸开阔；我忍受悲伤，它升华我的灵魂；我接受报酬，因为我为此付出汗水；我不怕困难，因为它们给我挑战。"事实上，奥格·曼狄诺也的确是这么做的，所以，无论是领导、同事、还是学员除了羡慕与学习，没有人会拒绝他的这些充满人性光辉与哲理的做法。

● 秘密 2：让人无法拒绝的说法 ●

对于这一点，奥格·曼狄诺曾说："我要常想理由赞美别人，绝不搬弄是非，道人长短。想要批评人时，咬住舌头，想要赞美人时，高声表达。飞鸟，清风，海浪，自然界的万物不都在用美妙动听的歌声赞美造物主吗？我也要用同样的歌声赞美她的儿女。从今往后，我要记住这个秘密。它将改变我的生活。我要用全身心的爱来迎接今天。"

可以说，在保险推销之路上，我们面对最多的人，除了客户就是我们的对手了。对于自己的"敌人"，奥格·曼狄诺从来都是赞美，而不是挖苦与讽刺。因为，奥格·曼狄诺认为敌人在赞美之下就会与自己成为朋友。只要再进一步交流，并鼓励朋友，朋友就会因此成为自己的手足。奥格·曼狄诺认为，这并非什么推销的怪现象，就看你怎么去对待和评论他人。

● 秘密 3：让人无法拒绝的行动 ●

执行是奥格·曼狄诺的又一大秘密，他曾这样剖白："我要爱每个人的言谈举止,因为人人都有值得钦佩的性格,虽然有时不易察觉。我要用爱摧毁捆住人们心灵的高墙,那充满怀疑与仇恨的高墙。我要铺一座通向人们心灵的桥梁。"在他看来,一切行动依然是要建立在爱心的基础上,具体来说,也就是不管什么原因、什么困难,你都要真诚地为你的客户着想。

● 秘密 4:让人无法拒绝的回应 ●

奥格·曼狄诺曾说:"爱是我打开人们心扉的钥匙,也是我抵挡仇恨之箭与愤怒之矛的盾牌。爱使挫折变得如春雨般温和,它是我商场上的护身符——孤独时,给我支持;绝望时,使我振作;狂喜时,让我平静。这种爱心会一天天加强,对我越发有保护力,直到有一天,我可以自然地面对芸芸众生,处之泰然。"没错,是爱,还是爱,因为一个满怀爱心之人所作出的回应,首先不会以伤害他人的自尊为代价,其次不会以破坏他人的利益为代价,这便是推销员征服客户的最好筹码。

● 秘密 5:让人无法拒绝的面对 ●

说到这里,相信你们已经迫不及待地要抢着回答"我应该如何面对"这个问题了。就像奥格·曼狄诺说的一样:"我要在心里默默地为他祝福。这无言的爱会闪现在我的眼神里,流露在我的眉宇间,让我嘴角挂上微笑,在我的声音里响起共鸣。在这无声的爱意里,他的心扉会向我敞开。他不再拒绝我推销的货物。"在推销的世界里,有时和客户之间的相处就像我们的爱情一样,只有满怀爱心,充满爱意的眼神交流,才会让客户无法拒绝你!

下一个精英之养老险

卖的是老有所养需趁早的时机

解析 养老保险，是指为保障老年生活需求，提供养老金的退休养老保险类产品，是社会保险五大险种中最重要最受欢迎的险种之一。所以这是一个最好做又最难做的险种。

纠正"养老很遥远"的误区

Mr. 保险精英

不要让你的客户群局限于"老一辈"，
因为即使对于年轻人，养老也并不遥远。

随着我国平均寿命的不断增加，当今社会的老龄化进程越来越迅速。一方面老龄化社会将会造成经济、文化的变革，另一方面，对于保险推销员来说，这种趋势将给养老保险带来更多的机会。

现场直击

父亲节前夕，李文浩拜访了某知名公司的大客户孙经理。

孙经理刚30出头，李文浩一边向其介绍养老险，一边观察对方的表情，推测孙经理可能并不认可过早投入养老险这回事。

于是，李文浩赶紧岔开了话题，转移投保对象，鼓励对方为其父亲买一份养老险："您还年轻，可能还不需要这么早购买养老险，但我想这么孝顺的您为父亲买一份还是应该的，正好父亲节快到了……"

就这样，孙经理紧锁的眉头终于消失了，微笑着让李文浩继续说下去。

虽然孙经理自己没有投保意识,却不代表他没有为家人投保的意识。

推销员:"冒昧地问一句,您打算多少岁退休呢?"

客户:"实不相瞒,当然越早退休越好啦,因为只有这样我才能做自己喜欢的事。"

推销员:"既然如此,您何不现在就开始为退休做准备,为自己购买一份养老险呢?机会永远留给有准备的人,这一点像您这样的成功人士应该比我更清楚。"

客户果然接受了推销员的建议,买了一份养老险。这位推销员的思路比较有趣,属于逆向推销思维,如果他一开始就让客户买养老险,客户可能并不会接受。但反观客户对退休年龄的看法,并以其为主线,更能打开客户封闭的心。

方法践行

通过上面这两位保险推销员打开客户封闭的投保意识的故事可知,作为养老险推销员,首先要做的就是激发不同年龄层客户的养老意识,让我们看看有哪些好方法可以参考呢?

■ 把握年轻客户群体,养老要未雨绸缪。

很多年轻人会觉得"我现在还年轻,养老和我无关",但我们正是要利用他们的这一心理,劝其未雨绸缪,而不是轻言放弃。

很显然,这类年轻人的养老意识尚未觉醒,面对懵懂的年轻客户,请不要吝啬苦口婆心的劝说,或许你的一两句话就可以让他们苏醒。比如:"即使您现在不需要养老,也可以在父亲节母亲节来临之际,为您的父母投一份保,尽一份孝心。""如果不想让您的子女未来承担更大的压力,您何不从现在起就开始为自己存一笔养老费呢?"总之,我们要让年轻的客户尽早开始考虑年老及父母的养老问题,而不是等待他们自己发现这道理后再来找你。

■ 让客户注意"没有其他支援"的未来大趋势。

当前这一代人,大部分都是独生子女。所以,独生子女赡养双亲将会成为未来社会的大趋势。所以,我们可以给客户强调"没有其他支援"这一现实将带来史无前例的巨大压力。特别是随着社会竞争日益激烈,很多年轻子女都自顾不暇,但依然面临着照顾父母的责任。由此出发,我们不妨劝告客户把养老保险作为缓解自身压力的好助手,既可以给自己的老年生活一个保证,也可以给含辛茹苦的父母一个安稳的晚年。

■ 唤起年轻人的感恩之心,为父母的幸福作一个最重要的决定。

有时候,利用年轻客户的责任心与义务感不失为推销员推销养老险的捷径。因为,这类人群思想比较前卫,虽然不一定会过早给自己购买养老险,却不见得也不愿给自己的父母购买。别忘了,人非草木孰能无情? 我们既然想让客户怀着感恩的心来看待我们的产品,就同样要用一颗感恩的心看待客户以及客户对父母的孝心。这样的推销过程让我们收获的不仅仅是业绩,更是一份关于亲情的温暖和感动。所以,我们可以通过了解这类客户的成长经历,赞扬其父母对孩子的教育与付出,以此反作用于客户,并暗示将来父母能否享受晚年幸福同样需要子女的付出,鼓励他们尽早为自己的父母购买一份养老险。

领会弦外之音，利用暗示成交

Mr. 保险精英

不要小看暗示的力量，它也是一种有效的推销手段。

由于养老险推销员平时所接触的客户多为高年龄层的朋友，客户无论是人生的阅历还是懂得的问题，往往比我们还多，说服他们的过程往往也是一项巨大的工程，和他们交谈也会占用推销员很多时间。

但他们说得越多，我们接收到的信息也就越多，而且很多时候，如果你悉心听，就会发现他们似乎总是话里有话。不信先来听听下面的故事吧。

现场直击

王贝是个很注重实际操作方法的推销员，她最拿手的"好戏"就是故弄玄虚。有一次，客户对保单存在一定疑问，犹豫着要不要买，王贝表现出并不在乎这笔单子的样子，客户却认为是王贝对他不够重视，这样一来，客户就会越想证明给王贝看：自己是个重要人物，应该被你重视才对。结果，他就中了王贝的"计"……

事实上，当客户产生逆反情绪时，只要推销员表述得体，循循善诱，客户大都会开始对你产生兴趣。

王涛本来并没有购买养老险的意愿，他万万没想到，听了陆云的一番介绍，自己最终还是被一个小小推销员说服了。

王涛："你觉得我会因为什么购买养老险呢？"

陆云一听，感觉王涛并不是很想购买，而且还没有找到说服自己购买的理由。于是，陆云采取了积极鼓励的办法："很简单，因为孝顺。听得出来，刚才您说自己从小到大最爱的就是父亲了，现在您也取得了一定成就，我想您是时候表达一下感恩之情了。"

就这样，王涛的心被"孝顺"二字打动了，是陆云巧妙的回答挽回了成交的机会，也幸亏她及时领会了王涛的画外音。

方法践行

可见，我们一定要利用好客户的"弦外之音"，并加以暗示。就像案例故事中的两位推销员一样，只要在一开始利用好这种方式，给客户一些暗示，对方的心理就会变得积极起来，从而加快投保签单的速度。

■ 故作冷漠，暗示客户你并不在乎，让他开始对你产生兴趣。

对推销员而言，遇到一些自认为无所不知、无所不能的客户是时常发生的事情。对待这类客户，我们就可以利用暗示法和对方打交道，你可以只是作为推荐人引荐养老险这一产品，但不要表现出非常在乎、关心的样子，而是故作冷漠，让他感到"你买或不买，我都不在乎"。但通常你以这种姿态做销售时，一定会引发对方强烈的好奇感。

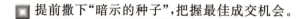

■ 提前撒下"暗示的种子"，把握最佳成交机会。

如果你已经做了很多年的养老险，就会发现自己把很多推销的时间都用在了和客户讨价还价上，特别是那些老年朋友更是难缠。而为了使自己和这类购买人群的商谈更加顺利，我们不妨在一开始向对方推荐产品时，就撒下"暗示的种子"。例如，你可以多用这样的言论去说服——"每个子女都想让父母过上幸福的晚年生活，但可怜天下父母心，父母又不想给孩子太大的压力，还好我们的产品解决了很多人的这个问题。"这样客户就会想，是不是自己也应该利用这个产品解决问题，总之这无疑是让成交机会早日到来的催化剂。虽然这是你故意安排的桥段，但客户会认为一切都是那么水到渠成。

■ 读懂客户暗示，让客户觉得自己有非购买不可的义务。

很多保单的失败都是由于客户的一句"最近资金不太充足，过几天再说吧"，结果这"一说"就成了永远的"传说"。而一些木讷、不懂变通的推销员就会因此放弃了一笔保单。

推销员除了要学会向客户暗示的同时，也要学会读懂对方的暗示。很显然，这种情况下客户是对价格不满，是在暗示推销员能否给予让步。如果有商量的余地，你不妨假装先暂时离开一会儿，待回到座位时和客户说："我刚才给公司领导打了电话，领导说，既然您如此有责任感，只要您肯保密，我们愿意再额外赠送您一个月的保费。"这时，客户就会觉得：这个推销员为了我已经做了这么大的努力，看来我非买不可了，何况我还得到了实惠。可见，无论给予还是接受，暗示都只是一个小技巧，却能让推销员在短时间内收到良好的效果。

化繁为简,把未来的事情简单化

Mr. 保险精英

当客户觉得买你的产品是个极其复杂的过程时,就会发自心底地感到厌恶和抵触。

有句话说得好,简约不简单,推销也是如此。能否说动你的客户购买养老险,并不在于你与他交谈的时间有多长,而在于你的推销技能有多精,是否能把最复杂的东西用最简洁有力的话传递给对方。

现场直击

等!等!等!每个客户都怕麻烦,某广告公司的经理陈飞更是如此。

这天他来到某保险公司为父母购买养老险。正逢节假日,这天在保险公司排队办理业务的人爆满。

等了一上午,终于有位推销员小李来接待他了,陈飞感觉总算看到了希望。

谁知,噩梦般的事情发生了,小李光给陈飞介绍产品就用了一个多小时，又带他去展示区参观，眼看终于可以购买了，小李却把一堆复杂的条款摆在了他面前。陈飞感到彻底崩溃，带着遗憾走出了小李办公室……

陈飞的心情也代表了普通人的心情，相信就算是推销员自己也深有体会。就像我们去超市购物，如果付完款还要你谈购物感受，相信你也会立刻闪人了。

客户王猛对养老险的概念还不是很清楚，但是怕自己一问，推销员就啰嗦个没完，于是作罢。推销员陆叙看出了王猛的心思，主动讲了关于养老险中的一些难于理解的概念，并且讲得通俗易懂，还列举了几个具体的情境案例，王猛一下子就听明白了。因此，王猛有了更大的思考空间放在购买决定上……

正是因为陆叙简单的介绍，让客户一听即懂，既有效地打消了客户最初的担心，也为客户节省了更多的时间用于其他事情的思考，一举两得。

方法践行

很显然，陆叙很明智，而小李却并不懂得化繁为简的道理，难怪他的客户们纷纷跑掉了。所以，我们还是多学习一下能把事情简单化的方法吧。

■ 表述化繁为简，让客户一下子就听明白。

很多推销员认为，讲养老险一定要非常专业，这样才能显示出自己的水平，于是在向客户表达一项内容时，总是小心翼翼、反反复复、滴水不漏，一说就是大半天，客户听得早已不耐烦。而站在客户的立场上，其实他们可不这么想,他们更希望越复杂的东西,越能在短时间内通过三言两语就明白。这就要求推销员有在表述方面化繁为简的能力,能一下子让人听明白的就绝不重复两遍。

■ 技术化繁为简,汲取优秀案例不断学习。

有些业务做得十分出色的保险精英们都有一种优越感和自大的心理,遇到比自己更强大的业界同仁时,根本不屑于向对方学习,这是很不可取的。其实,多关注别人的成功案例,对自己的能力提升有很大的帮助。还记得我早年做保险的时候,客户总是抱怨我太啰嗦,我也发现自己做一笔保单用时太长了,而我的一个同事则做得又好又快。有一次老板实在看不下去,劝我多向同事学习一下,当时年轻气盛的我根本不屑一顾。但随着我的业绩越来越被那位同事甩在后面,我不得不开始向他"偷学武艺",听他给我讲了很多成功的案例故事,果然令我受益匪浅。所以,请大家不要在乎面子,学习技术才是王道。

■ 流程化繁为简,让客户享受消费的过程。

由于养老险的每一笔保费都不算是小数目,因此相应的某些流程对客户而言,既是谨慎的,也是复杂的。于是我们常常能听到客户"这公司怎么这么差劲、这推销员办事怎么这么没有效率"的抱怨。所以,我们必须在保证客户利益的前提下,尽可能地将复杂的流程简单化,让客户的消费过程变成一种速度与激情的享受,而非拉锯战似的折磨。其实,流程不同于技术,无需推销员运用高科技与知识技能,往往只需回归问题的根本就能解决,找出中间哪些环节是关卡,哪些需要整顿,流程就会变得简单而高效。

养老问题多，解答要耐心

Mr. 保险精英

　　如果你对客户表现得没有耐心，客户也不会对你有耐心。

购买养老险的客户群通常分两种，一种是已经退休的老年人，一种是离退休还有一定时间的年轻人；一个是为现在购买，一个是为将来购买。但无论是哪一种，人们通常都会问得比较细致。对此，很多推销员就会表现得没有耐心，甚至丢给客户一句敷衍的解释自己就先跑掉了！

现场直击

　　推销员："如果没什么问题，就请您尽快签个字吧！"

　　客户："这么快就要签字呀，我还有很多问题没问呢？"

　　推销员："最基本的问题刚才我已经给您解答了呀，具体的咱们以后还可以聊。"

　　客户："但是我现在就需要知道真相！"

　　客户问题多，是因为他想要更全面、更好地了解真相，我们不妨抱着

"替对方着想"的态度换位思考,想必就算是推销员自己买东西也是这种心理。所以,不要再抱怨你客户的不是了。

小赵一向是一名很有素质的推销员,但最近他突然发现自己对客户是越来越没有耐心了,有一次还因此和客户吵了起来。

小赵:"您已经问了一个小时了,我还有很多事,请您也珍惜我的时间,我只能最后回答您一个问题!"

客户非常不悦:"不想理我就早说啊,连这点耐心都没有,你还想做好推销吗?"

小赵急了:"这是我的事,不用您管!"……

结果这两个人不欢而散,其实,两个人的初衷只是为了达成一次合作。却因为小赵没了耐心而提前中止了谈判。

方法践行

或许上述案例中的两位推销员,从来没有想过,这样做不仅仅是让自己丢了一个客户那么简单,而是丢了自己的信誉和口碑。所以,无论如何,我们都要运用下面的方法,做到对客户有绝对的耐心。

◼ 替对方着想,以有诚心代替没耐心。

曾有一位学员向我抱怨,客户每天都缠着他,烦得他已经不想接那位客户电话了。我听了只是哑然失笑。其实那些也不是什么复杂、不讲理的客户,只是由于比较注重养老险中的一些细节问题,所以做了很多重复性的提问,以至于我那学员很烦。后来,我告诉所有的学员,要想快速卖掉养老险,就必须要对客户有耐心。

交流有耐心，对客户抱怨更要有耐心。

大部分客户往往不愿意主动向推销员坦白自己的需求，所以，当客户的需求体现得很弱时，推销员就要主动与其耐心地沟通，不要因为客户的一时沉默、冷若冰霜的眼神就轻易放弃。而当客户有抱怨时，推销员的任务绝不仅仅是充当"撒气桶"的角色，更要耐心寻找客户抱怨的原因，例如可以这样询问："您能具体说一下是怎么一回事吗？"、"您能谈一下您的体会和期望吗？"这样我们既能想办法帮助客户解决问题，又能转移客户的抱怨。当一切烦心事结束后，恢复理智的客户也会对你赞赏有加。

根据客户类型的不同，耐心也要不同。

客户类型千差万别，因此推销员付出的耐心理应做到"因人而异"。例如，有一种客户总是表述不清自己的意愿，而这种客户则容易因沟通不畅产生急躁心理，在这种情况下，推销员就一定不能也跟着急躁起来，而是要耐心地调节和对方沟通的速度，一边倾听一边提问，让交流慢下来，给客户多一点思考的空间。再比如挑剔型的客户，似乎不管推销员怎么做，对方都不满意，于是推销员想干脆放弃算了。其实，这是因为客户还没有真正相信你，所以对待这类客户，推销员就要有建立忠诚度的耐心，既不能置之不理，也不能威逼利诱，要拿出百倍的耐心与其沟通，缩短心的距离。

五定原则讲通养老用途

Mr. 保险精英

有原则，好办事，卖养老险亦如此。

每个人都希望自己购买养老险是一个英明之举，而不是购买后即后悔。所以，如果推销员能站在客户立场，为其传授一些购买的技巧，弄明白养老险的用途，对方必将因感激而购买你的产品，更会对产品充满信心。

现场直击

推销员王丽哪儿都好，就是有点"偷懒"，记得自从上次培训后，就再也没有复习过专业知识，以至于连养老险中的"五定原则"都不知道。

有一次客户问这问那，王丽一时间也没了主意。突然客户的一句话让她感到十分羞愧："我来之前查到一些资料，听说养老险不是讲究什么五定原则吗？你可以给我讲讲。"

结果不想可知，王丽只好尴尬地承认自己并不清楚五定原则，这让客户不由得倒吸一口凉气，觉得自己找错了代理人。

客户李筱玥矛盾地拨通了推销员王晨的电话。

李筱玥："不好意思啊，之前还说要在你这买养老险，但因为我现在很矛盾，所以还是再等等看吧。"

王晨问："您能把矛盾的问题说给我听吗？或许我能帮您解决呢？"

原来李筱玥不知道到底该为自己投几年，才可实现最大利益。这对于推销员王晨可不是什么问题。她耐心地对李筱玥解释道："这个其实很简单……"

一番讲解过后，本来存在的矛盾就这样解除了，李筱玥决定立刻签单……

其实，王晨一直都在用"五定原则"搞定客户。她认为，只有当推销员主动遵循一定原则的时候，客户才会更放心地投保。

方法践行

听了这两个故事，或许你会问："我哪儿有那么多技巧可以传授的？"其实不然，以商业养老险为例，它其实就是对社会养老保险的一个补充。但很多人对其具体用途还处于懵懂状态，这时，你就可以像上述故事中的王晨一样，用五定原则搞定客户，而不是像王丽那样，输在了五定原则上。

定保额、定领取方式最关键。

由于每个人退休后获得的工资额度都是不同的，因此每个人对于资金的需求、安排、用途也都不同。所以，推销员应该就此要求客户根据自己的实际能力和需要确定可以承受的保额，避免今后无法承担的风险。另外，不同的客户群，领取方式也有所不同。例如是一次性领取，还是分期领取，有时客户对自己的目标和需求不是很明确，所以很难作出抉择，而推销员的义务就是帮助他们抉择。可以通过为其分析退休后的打算，列一份计划书和开支预算表，最后建议对方根据实际用途再定夺。

■ 定年龄、定年限最可靠。

客户在投入一定保费后，最关心的莫过于领取的问题了。因此，帮助客户确定领取养老金的年龄和年限尤为重要。例如，如果被保险人身体状况良好，就可以建议选择终身期限。如果被保险人经济状况一般，就可以建议其早点领取为好。总之，要尽可能保证客户生活不会出现较大波动，确定与其条件相匹配的年龄和年限，这样就可以保证客户在退休后立刻能拿到养老金，有哪个客户会拒绝这样的推销员呢？

■ 定产品类型最可靠。

随着保险市场的迅速发展，保险产品的新旧更替速度之快也越来越超乎人们的想象。所以，很多客户在眼花缭乱的产品面前就显得手足无措。所以，推销员还要扮演好导师的角色，帮助客户选购适合的产品。例如，养老险一般分为传统型养老险和分红型养老险。前者比较适合没有理财、储蓄观念，害怕承担风险的客户；后者则比较适合喜欢长线投资但对通货膨胀较为敏感的客户。倘若不是专业的推销员，客户是很难辨认两者区别的，所以，我们理应为客户进行差异化的选择，为其量身定做最合适的产品。

"定额工资"的吸引力法则

> Mr.保险精英
>
> 定额工资不见得就好，但如果是接近于免费的定额工资，就一定是人人都想得到的"午餐"。

对于退休的年龄，每个人的想法都不一样，有人希望晚退休多赚点钱，也有人希望早退休早清闲。但对于大部分人来说，退休往往意味着自己不再享受从前优厚的待遇，而要拿另一种标准的收入，似乎无形中生活水平也开始直线下降。

"我都不赚钱了，哪儿还有钱买养老险？"如果客户这么说，你该怎么办？

现场直击

推销员宋明正和客户李渊谈笑风生，宋明觉得气氛差不多了，于是推荐李渊买自己的养老险产品。谁知，这时，李渊抛出来一个很犀利的问题："我都不赚钱了，哪儿还有钱买养老险？"

宋明问："您辞职了?"

客户无奈地答道："没有啊,但我现在一个月也就3000块钱,还要养老婆孩子,你说我哪还有闲钱?"

宋明并没有放弃,而是安慰道："那正好呀,其实您看似是现在交了保费,但其实从长远来看,您是在存更多的钱,您现在工资并不多,但只要从现在开始存,到您退休我们公司就会给您发退休金了呀。"

李渊一下子就对宋明提出的退休金感兴趣了,就这样两人的话题又继续下去了……

让客户现在从兜里掏钱,对方当然不乐意,所以,李渊借用"退休金"这一概念有效弥补了客户的这一不满,使客户重新对养老险燃起了兴趣。

推销员林源最擅长卖养老险了,因为他很了解退休之后的人最关心的就是怎么获得"定额工资"。此外,他还会这样劝客户："当我们退休后,闲暇时间肯定多了,如果想出门旅游,或者想学个小玩意,甚至是创业,都需要一大笔现金流的投入。但很显然,仅仅依靠一点养老金是完全不行的。"每当这时,客户就会开始若有所思地问："那看来我该买一份养老险喽?"……

没错,"定额工资"法则就是有吸引客户的魅力。养老险也并没有想象中的难卖,关键就在于你是否能将最实用的法则运用自如。

方法践行

可见,大家应该向上述案例故事中的推销员学习,首先应该着力宣扬只要购买一定期限的产品,就能在退休工资以外多一笔固定收入,用"定额工资"的事实弥补对方的失落感。这不但会吸引老年人购买,更会吸引那些幻想退休的年轻人。当然,在此之前,你应该找对吸引客户的元素。

■ **保障吸引：让客户感到定额工资是幸福的保障。**

越是在工作前线忙碌着的人们，越是幻想美好的退休生活，认为退了休就能不工作拿工资，认为退休就是幸福的代名词。然而，推销员有义务纠正客户的这一观点。我们可以这样向对方说明：任何性质的退休都应该建立在充分的保障上，虽然每个月都能领到退休金，但和此前工作时候的所得肯定是无法比拟的，如果晚年生活要以降低生活质量为代价，那么即使有退休金也无法过得很幸福。如此一来，推销员可以借此引出养老险恰恰可以弥补这一不足之处，引导客户来购买。

■ **现金吸引：让客户体会真正的老有所养。**

很多客户误以为退休后用钱的地方就越来越少了，根本没必要投保。对于这一点，我曾反驳过一位客户："虽然人老了，外因花钱的地方少了，但内因花钱的地方就多了。比如我们随着年龄的增长，体质一天比一天差，难免有生病住院的时候。"客户对我的这一观点表示赞同。于是，我顺水推舟鼓励他购买并选择年金方式，这样就能享受除了退休金，手头随时都能有流动现金的实惠。

■ **取款吸引：客户不会拒绝自由的空间。**

老年人都希望自己有能力支配自己的生活，而不是等着子女的支援。所以，推销员应该抓住客户普遍存在的这一担心问题，表明入保养老险并选择年金方式后，获得的"定额工资"取款方式是灵活自由的，既可按月，也可以按年领取，还可以一次性领取。可以说，完全满足了客户对资金自由支配的空间。所以，当推销员强调这种多变灵活的领取方式时，客户一定不会拒绝，反而会被吸引。

精英之道：贝特格的短时间成交术

在弗兰克·贝特格看来，推销时间决定着你的产品能否成功推销。时间越短，成功率就越大。因为，对保险精英们而言：时间就是金钱！对此，贝特格曾分享了自己的成交术。

● 成交术 1：对产品有 100％热情 ●

弗兰克·贝特格说："只有热爱自己的事业，并且为此不遗余力奉献的人，才能得到应得的报酬。"

同理，一个推销员最大的热情其实是来自于对自己的产品抱有坚定的信念。而客户是否对你的产品有足够的兴趣，也往往取决于推销员的态度。倘若我们自己都表现出一副对产品若无其事、可有可无的态度，怎能引发客户的兴趣、激发其购买欲望呢？

推销的过程固然不会一帆风顺，但不管怎样，身为推销员的我们都不能失去对产品的热情，并且要尽量让客户看到你对产品有着 100％的热情，这样才会引发对方的好奇心。记住：最能说服客户的往往不是你理性的讲解与说明，而是写在你脸上的对产品的热情。

● 成交术 2：对产品 100% 了解 ●

客户之所以找推销员购买产品，是因为自己在某一方面并不是专家，但他相信推销员是专家，这就要求推销员首先要对自己的产品和推销领域100%了解。

让客户了解相关的产品知识是对消费者权利尊重的一种表现，而作为一名推销人员，帮助客户弄清产品的真实情况是我们的义务和基本职业道德。

因为，客户只有在对产品有了100%的了解后，才会考虑接下来的购买事宜。当然，为了加快推销进程，我们绝不能仅限于不断丰富自己的产品知识，更要不断完善竞争对手方面的产品信息，以便为客户作对比分析。如果客户提出一个问题，我们不能立刻给予准确的回答，也要如实把我们所知道的告诉对方，而不要让对方在不了解的时候就盲目购买。

● 成交术 3：对产品 100% 介绍 ●

弗兰克·贝特格认为，推销第一步应该是赢得客户的信任，而赢得信任最好的办法就是把产品的功能、特性100%介绍给你的客户。

介绍产品是推销员应该掌握的最大一门学问。例如，产品介绍第一印象的好坏，将直接影响我们与客户接下来的沟通。所以，在约见客户之前，我们就应做好万全准备，无论是专业知识还是言谈举止，尤其是产品简介，一定要清晰地背下来。同时，在客户面前要尽量用最简短的话说得最到位，也不要妄想对客户的疑问可以蒙混过关，将产品情况一五一十地介绍给客户，才是推销员的明智之举。

下一个精英之意外险

卖的是不测风云下的出路

解析 意外险,即意外伤害保险。很多人之所以不买意外险的账,是因为总觉得自己现在过得好好的,没必要购买。因此,卖这一险种,重在为对方营造身临其境的危机感。

准备资料，数字会说话

Mr.保险精英

> 当你觉得快要无话可说时，就让资料和数字替你说话。

对客户而言，在众多让人眼花缭乱的险种中，意外险应该是最容易接受的产品了，因为它是一种保障型的保险。人有旦夕祸福，当生命发生意外时，意外险可以实现花很少的钱获得高额赔偿的目的。

■ 现场直击

李秀杰："你好，我想买份保险，你看我可以购买什么样的呢？"

推销员："这要看您做什么工作，平时最关心什么问题了。"

李秀杰："其实我最怕的是出意外，因为我比较喜欢旅行。但我了解到，你们的产品只投入不回报？"

推销员："不可能，不信您可以看看我手上的这份数据……"

李秀杰一看明晃晃的数字果然写着客户的投入和回报，这下终于放心了。

很多时候,推销员口才再好,也不如资料准备得好更有说服力。因为,我们已经是作为第三方推荐人在说服对方购买了,如果不能找出一些有力的事实证据,对方当然不会相信。

客户老张的孩子独自在外地求学,作为家长,就怕孩子在外面出什么意外,于是老张找到推销员林小雅购买了大量意外险。

但林小雅却递给老张一张残酷的数据表,上面是一些意外险不可保的范围以及不在赔偿金额内的事项。其实老张心里也明白,不可能通过一份保险保住所有的东西。面对林小雅的善意提心,老张欣然接受,并大赞林小雅诚实可靠。

没错,推销员不仅仅要向客户提供有利的数据,如果能对客户起到提醒的作用,就算是负面的数据推销员也应及时提供给对方,以确保客户在购买意外险后不会再有"意外"的异议。

方法践行

可见,推销员应该以低投入、高赔付作为意外险的卖点。然而口说无凭,客户也不会轻易相信,你可以像上面这两位推销员一样,用数字说话。只是,你还需要借用一些可靠的方法。

■ 收集数字资料,让客户在购买前就看到真相。

最能说明事实真相的,莫过于数字数据了,这往往也是客户最想知道的信息。但很多推销员却总是出于某种原因而对客户遮遮掩掩。殊不知,越是掩盖,客户越不敢相信你的产品。他会想:有什么是不能让我知道的?莫非你的产品有什么不可告人的秘密?那我买了以后岂不是很危险呀?

相反,倘若推销员能主动收集数字资料,在必要时呈现给客户,不仅能让客户高悬的心落地,更能建立起客户忠诚度。例如,可以用某客户每年只投入两三百元的数字与所获得的高达百万元的保额作对比,通过分析让客户明白,这种实惠是其他险种所不能达到的。

■ 列举分红和投资的数据,提醒客户不报过多期望。

很多客户选择意外险,是为了通过保险来赚钱,其实这是一种错误的想法。面对这样的客户时,我们不可因为想多卖出一份保险,而不假思索地鼓励客户购买。对于客户的误解,我们应该予以正确的评价和纠正。否则,当客户最终醒悟过来时,反而会觉得被当初的你欺骗了,当你再次向其推销时,对方就会抓住你的"把柄"说:"就是当初你劝我非买不可,我还以为能赚不小的一笔,结果呢?我什么都没赚到,你这个大骗子,我不会再上当了!"所以,推销员在客户第一次产生这种想法时,就应该为其列举分红和投资的数据,提醒对方不要完全指望意外险来赚钱。

■ 小小的数字换回大大的承诺,让客户把保险当成消费品。

在第一次接触客户时,推销员就应该明确表明自己对保险的立场:低保费,高赔付。并且要特别向客户强调每年只要拿出几百块钱,就能换回未来的保障,无形中买到的是一种承诺。只有客户把保险当成是一种消费品而非奢侈品的时候,他才会心甘情愿地投入。每个人都有占便宜的心理,客户也不例外。所以,推销员应该利用这一点,收集意外险与其他险种的投入对比数据,让客户真心感到获得了实惠。

受众面广更要细分目标客户

常识告诉我们,每个人遇到意外的概率都不同。同样年纪和性别的人,在不同的工作环境中,可能发生的意外也不尽相同。所以,对于意外险的推销员而言,清楚自己应该在哪些特定人群中用什么方式拓展业务是成功卖出保险的前提。

现场直击

　　李新平时就是个不拘小节的人,在同事间很受欢迎。可惜的是,在卖意外险的推销之路上,他也依旧不拘小节,但这并没有为他带来好运。

　　他常常是早上一开工就四处去拜访客户,完全没有目标,只是凭着自己的直觉和心情,走到哪儿就拜访哪儿。

　　这天,李新分别来到王太太和李太太家拜访。王太太是个非常亲切又有钱的贵妇,购买力比较强,总喜欢买贵重的东西,认为一分价钱一分货。

相反,李太太就特别热爱"便宜货"的家庭主妇,认为,只要挑得好,便宜又实惠,何乐不为?

但由于李新在拜访前并没有细分目标客户,忽略了这一点。结果面对出手大方的王太太,李新一味地推荐便宜的财险产品;而对于吝啬金钱的李太太反而推荐价格不菲的产品……

一次两次倒还好,但时间一长,这样做的结果就是:每天李新几乎都是全公司拜访成功率最低的那一个。

看来李新并不知道自己拜访率低的真正原因,凭借直觉和心情去拜访就像购买了一张彩票等待开奖一样,中奖与否并不取决于自己,而是开奖结果。

与李新不同的是,推销员林雪儿在公司培训期间,就已经接受了关于细分目标客户这方面的训练。只是,她明知道应该这么做也懒得去执行。

因为细分之前要做太多的准备工作,她想有这时间还不如用在推销产品上,只要产品好,任何客户都会接受。

于是,林雪儿的推销模式和李新如出一辙,不管三七二十一,抓住一个客户就开始推销。只不过,由于林雪儿的专业技能和推销技巧比李新稍好些,所以还是小有业绩的。但林雪儿渐渐地发现,自己虽然每月都能拿到"保本"佣金,却从来没有做成过让自己引以为傲的大单子,不管自己怎么努力,结果还是事倍功半,她开始迷惑了……

其实,林雪儿的这一观点是十分错误的,能否将保险推销出去固然也取决于产品,但那只是其中的一个因素,而细分目标则会让推销工作事半功倍,可惜她并没有意识到这一点。

方法践行

你是否觉得,案例中的这两个推销员就像个迷路的小孩,无论绕多少个圈,还是摸不着头脑,只会无休止地浪费时间,降低工作效率。看来,光知道要细分客户还不行,要用正确的方法进行细分才是智者的推销之道。

做好工作与年龄区分,寻觅可接近的客户。

如果能区分开哪些工作人群的意外风险较高,意外险的推销工作将会事半功倍。所以,推销员首先要做好工作区分。例如,经常出差的人群,经常从事水中作业、井下作业、高空作业的人群。另外,还要做好年龄区分,例如,上了年纪的老人以及好动的孩子,或者有特殊兴趣、特别爱好的人群同样是值得寻找的目标。

只要能够寻找到这些细分目标,推销员原本封闭的客户群体就会被打开,业绩自然也会蒸蒸日上。

辨别客户利益,做好细分。

客户购买我们的产品,都有一个共同的目标——利益最大化。如果推销员能把握住客户的利益出发点,并由此作好细分,那么将大大提高销售业绩。例如,第一个故事中的王太太和李太太,一个是追求品质,中意贵重产品,那么我们可以将其划入高收入人群,对于这类人群,推销员在卖出意外险的同时,可以多多在保险中加入这类人群喜欢的个性化服务以满足对方的品位和更多需求;而李太太追求便宜产品,对价格敏感度较高,我们就可以将其列入低收入人群,对于这类客户,推销员可以为其推荐低价位的意外险,但可以建议其选择其他金融产品为自己带来投资方面的收益。

■ **辨别客户职业,进一步细分。**

客户职业不同,所关注的利益点、购买需求以及购买力的大小也就不同。例如,我们最常区分的就是蓝领和白领,很显然,白领的购买力要比蓝领强。但对于意外险推销员而言,蓝领通常从事制造业工作,而白领则大多坐在办公室里从事技术性的工作。那么,从这方面来看,蓝领又比白领更具有意外险购买需求和购买力。所以,面对这两类职业不同的人群时,推销员就应双管齐下作好相应对策,而不是众多职业一把抓。

安排尽可能合理的拜访路线

Mr.保险精英

先端茶还是先倒水,顺序不同,结果也就可能完全被颠覆。

80%的客户都认为自己随时都有可能遭遇意外,那么在这 80%的客户中,作为推销员的你应该先拜访谁,后拜访谁呢?

而 70%的客户在遭遇意外的第一时间都会问"能否报销",还有一定比例的人认为意外险理赔流程太麻烦而放弃买保险,于是推销员不断扑向一位又一位客户……

对此种种,我们怎样做才能尽可能使意外险的拜访路线更合理、更高效呢?

其实,拜访是意外险推销员在推销过程中再熟悉不过的一道程序了。这是因为,意外险的拜访面较宽,每个人随时随地都可能发生意外,所以每个人都有可能成为我们的客户。那么,对于意外险的推销员而言,为了提高工作效率,首先就要安排尽可能合理的拜访路线,这样才能更好地引导客户购买意外险,为客户分析相关的保险责任并设计合理的意外险计划方案。看看接下来这两位推销员是怎么做的?

■ 现场直击

　　小崔一向是个很勤快的保险推销员,他认为"早起的鸟儿才有虫吃"。于是,他总是比别人付出更多的努力。只是,不懈的努力并没有给他带来好运气。由于卖意外险本身就要比其他险种的同仁多拜访不少的客户,可他总是把很多时间浪费在无用的事情上,所以拜访的成功率也很低。

　　有一天,老总安排他去拜访一位客户,结果他到了目的地才发现,原来自己随后准备约见的另外一位客户的公司所在地也在那边。可自己却因为没有准备而没有带另一位客户的资料,无奈,在结束了第一位客户的拜访后,小崔又白白花了3个小时的时间回去取了趟资料……

　　或许取一趟资料不算什么,但问题是,我们每天要拜访那么多客户,每个人的"意外"都随时随地可能发生,那我们又有多少个"3小时"可以用来浪费在取资料上呢?

　　吕杨做事向来滴水不漏,在拜访客户的路线设计上也不例外,因为他知道,"意外"是件毫无预测的事,或许自己本要去某地见一位预约好的客户,但不料到了那里,同在一个方位的另一位客户突然打电话说要购买意外险,如果此时自己准备不充足,无形中就造成了客户的流失。所以,平时没事的时候,他有一个看地图的习惯。每当客户约见他时,他的第一反应就是在脑海中找到客户的具体位置,再立刻打开地图,看周边是否有其他可以顺便拜访的客户。另外,他还有一本客户导航册,除了客户卡中客户的具体地址——列明,就连每个客户常出现的地方他也会记录上。总之,他从不放过任何一个节省拜访时间的机会。

　　正因如此,吕杨的拜访效率从来都是全公司最高的。可见,拜访不是目的,节省拜访时间,高效拜访才是最终的目的。

方法践行

通过这两个结果截然相反的小故事,不难看出拜访路线的设定直接影响着我们的拜访效率,那么,具体我们应该如何做和安排呢?

■ **拜访前一定要携带好相关资料,避免无功而返。**

唯有知己知彼,才会百战不殆,意外险的推销更是如此。在拜访前,推销员应充分收集客户的资料、了解客户基本情况、并将相应的信息整理分类,这是合理拜访的开始。例如,你今天要拜访的这位客户曾发生过什么意外?是否有过购买意外险经历?满意度如何?不要觉得准备资料是一件无关痛痒的小事,这一过程不仅仅限于获得客户的基本情况,例如客户的生活水平、经济条件、教育背景、兴趣爱好、社交范围等,更要了解对方当前是否有家庭、有子女,其子女是否考大学,其家庭是否正面临乔迁新居,客户是否正在为某件事高兴或烦恼。这样,当与客户见面谈判时,你就能以此推断客户的亲朋好友是否有同样购买意外险的需要,总之,你了解得越多,就越容易为接下来的拜访节省时间。

■ **拜访时减少专程的往返次数,可交叉的业务同时办理。**

在开篇中我们讲到,由于意外险的"特殊性",推销员的拜访面较宽,所以拜访对于意外险的推销员而言是个不小的工程。推销员在前往某地拜访客户时,往往并不只是拜访一个人,所以,在设计路线时,推销员应该先考察好要去的地点,这些地方除了有我们的目标客户,附近还有哪些有潜力的客户值得拜访。这样就可以减少专程往返的次数,一举多得。另外,拜访前一定要和客户定好时间并按时到达。如果到得过晚，客户就会认为"你不尊重我"，如果到得太早，又会给后去的客户带来一定压力，客户照样难以和你建立信任关系。所以，安排合理的路线，时间点的把握是关键。只有利用好时间，你才有更多的时间可以同时完成几项业务。

■ 选择最合理路线，提高拜访效率。

意外险的拜访虽然受众面较宽，但推销员的最终业绩并不是以"量"取胜，而是以"质"取胜。而选择最合理的拜访路线，是意外险拜访的最高境界。即使是在同一座城市，拜访客户也有先后之分。最合理的路线是能够帮助你提高拜访效率的那条路，而非是让你拜访最多客户的那条路。我们不妨在出发前将约见的客户分成三六九等，视重要程度定下拜访的时间，再根据时间制定最短的路线。否则，即使你一天下来拜访了 100 个客户，但留下来的却是没有什么利润空间的、不重要的客户，而那些重要的客户却没有拜访成功，那你的拜访也是失败的。

制造风险时时有的危机感

Mr. 保险精英

　　意外并不是不可以谈论，如果能制造出危机感也不失为一个妙计。

通常我们卖意外险的思维都是正向的，也就是尽可能地为客户制造一种安全感萦绕的氛围，很少有推销员敢反其道而行，制造让客户紧张的危机感。特别是我们约见的客户更多的还是第一次见面的陌生人，如果一开口便谈论"意外"这个听起来不怎么吉利的话题，即使客户不担心，我们都担心会不会太沉重？会不会因此吓跑客户？其实不然，看看下面这两位推销员是怎么做的，你就明白了。

现场直击

　　推销员杨炎出差，在候机室和旁边的张先生攀谈起来。

　　杨炎："您经常出差吗？"

　　张先生："是的，我经常需要去全国各地跑业务。"

　　杨炎："那也不错，您一看就是见多识广的人，那么，您有没有遇到过什么危险？"

张先生愣住了，忍不住说："你怎么张嘴就说这些不详的事情啊。"

杨炎："因为我知道像您这样的商人其实最关心的并不是钱，而是健康，那才是革命的本钱，所以我觉得其实有时未雨绸缪还是很有必要的。说实话，我有一位亲属也是做生意的，就是因为常年在外面跑，所以比普通人更容易出意外，我开始劝他购买意外险，但他不听，后来不幸车祸，住院费只能自己掏了。"

张先生一听立刻紧张起来，并开始向杨炎询问购买意外险的途径……

看来，"意外"这个话题并不是不可以提及，而是如何才能自然而然地呈现给客户，并让对方由衷地产生危机感，从而作出改变的行动。

王亮是杨炎的同事，有一次杨炎提起成功利用制造危机感卖出保单的事，让王亮也从中学到不少，于是王亮在卖意外险时也用起了这一招。

王亮："我想您的确需要购买一份意外险，否则，您万一哪天遇害都没钱找凶手去呀！"

客户一听，气急败坏地说："你怎么说话呢，是诅咒我吗？"

王亮还理直气壮地说："没有呀，我说的是事实！"

客户认为王亮存心想诅咒自己，气愤地掉头离去……

显然王亮是没有学到制造危机感的精髓，把危机感制造过了头，对客户说了过重的话，结果反而气跑了客户，得不偿失。

方法践行

可见，制造危机感也是一门学问，如果制造不当或不合理，不但不能成功签单，还有丢失客户的风险。那么，我们应该怎么做呢？

■ **制造危机感要适度，别真吓跑了客户。**

如果推销员运用方法得当，适度地制造危机感不但不会吓跑客户，反而会营造出让客户紧张的氛围，这样客户在刺激下更容易作出购买的决定。但值得注意的是，"意外"本是一个忌讳的话题，所以它的作用只是作为开门见山的引入，而不宜过多使用，否则就很有可能真的吓跑了来之不易的客户。如果一味地围绕着"意外"打转，始终不切入主题，最终也只会拖垮客户的耐心和信心。所以，推销员要分清楚，制造危机感是为了起到启发客户的作用，而不是用来吓唬客户甚至威胁客户的。

■ **借用批评制造危机感。**

这里所谓的"批评"并不是让你真的去指着客户的鼻子大骂："你怎么一点都不懂得对自己的安全负责？"、"你连这点钱都不舍得花，还想要什么保障呢？"……这样过火的批评不但不能引起客户的自我反思，反而会引发对方的极度反感。所以，批评只是用来制造危机感的一个机会、一种手段，批评要有事实根据，并要在掌握一定火候的前提下进行，让客户心服口服地承认，的确自己不懂得对意外的防范，是自己的疏忽。总之，批评既不能过轻，也不能过重，如果让人难以接受或惭愧到羞红了脸，那结果也只能是适得其反了。

■ **身份要合适，表达要个性，让客户一下子就接受你。**

我们在为客户制造危机感的时候，应该注意自己此时的身份，最好是充当一名善意的提醒和监督人员，启发客户反思自己的态度和行为，引导其公正客观地看待购买意外险这个事情。事实上，由于很多人对于意外的防范意识不足，总是在意外发生时才恍然大悟，却为时已晚，这一点应该成为我们说服客户的重要理论依据。另外，制造危机感时的表达方式是很有讲究的，建议大家可采取"极端"的表达方式，或冷静或热情，让对方在感受到你的诚意的同时，乐意接受你的产品。

突出服务优势，第一时间解除意外

Mr. 保险精英

　　谁能在第一时间为客户解除意外，谁就能在第一时间收买客户的心。

很多现代人在一段忙碌的工作过后，首选的轻松方式就是和家人一起去旅行，但旅行的过程中真的只有幸福和快乐，而毫无隐患吗？当然不是，其实旅行中难以预知的意外更让人担忧。

现场直击

　　大强进入现在的保险公司做保险推销业务员有一段时间了，然而业绩依然平平，这让他自己也很着急。

　　大强在一次出差的过程中偶然结识了几位热爱旅行的"驴友"，于是大强想说不定努力他们就可以成为自己的客户了。

　　就这样，大强联系了这几位"驴友"，说是公司组织了一个推销员带客户旅行的活动，那几个年轻的"驴友"当然很愿意参加，几天的旅行下来，大强和他们更是成了无话不谈的好朋友。

大强见状，觉得是时候推销产品了。于是发起话题："那座山好高啊，我们一定要登上去吗？不会发生什么意外吧？"

"怕什么，旅行社不是帮咱们买了保险吗？"其中一位驴友答道。

大强借机解释道："你这么说就不对了，我可是做这一行的，旅行社买的只是责任险，没有保障可言的。唯有短期的意外险才能在第一时间给咱们一个保障。"

"驴友"们纷纷觉得大强说得有道理，这时，他们早已忘记了大强的推销员身份，只顾着赶紧让大强帮自己办一份意外险……

通过对比，大强找出了责任险与意外险的不同，并突出了意外险的优势，用实际行动让对方接受了自己的建议，实属明智之举。

眼看就要到月底，可是推销员于飞还没有完成本月任务。然而，时间已经来不及了，就算是一天拜访 20 名客户，又不能保证成功率，最终还是完不成任务。好在于飞性格稳重，越是情况紧急的时刻，她越是能冷静下来思考问题。很快，她就想出了办法。

她联系到了之前经常旅游时参加过的一家旅行社，因为她想旅行的人应该是最怕出意外的了，自己刚好和那个旅行社的老板又认识，可能由她直接说服客户已经太迟，但若是让老板把自己介绍给旅行团里的人，胜算就会更大一些。

就这样，于飞成功得到了那边老板的举荐，认识了很多客户，并由此抓住了机会，推出"旅行保镖"服务……

看来，建立在旅行社介绍基础上的客户，会提高接触频率，让客户更加信任我们。而于飞正是抓住了这一点，并在获得客源后主动推出相应的服务，用优势产品争取到了优等客户。

方法践行

为了更多地卖出意外险,推销员应该像上面这两位同仁一样,锁定出行的这部分人群,通过意外险能够帮助客户在第一时间解除意外的优势,树立口碑,提高品牌知名度。具体你还可以参考下面的方法:

通过接触旅行社,寻找客源,做群体效应的口碑。

客户虽然在一开始不一定就相信你,但一定会相信经过正规手续认证的知名旅行社。尽管不可能每个推销员都能像案例中的推销员那样有在旅行社工作的朋友,但平时多留心旅行社的信息,无疑是推销的另一种渠道。特别是当下由白领为主形成的"驴友"一族,互相交流较多、效仿程度很高,所以,如果能打开这一片市场,推销员将会获得口碑与绩效上的双丰收。

解除意外的前提是分清意外险。

帮助客户解除意外的前提是先让客户购买意外险,但很多客户其实对意外险还并不是很了解,误以为出行时旅行社已经帮自己买过保险,自己就不需要再另投保了,结果往往在意外发生时就没了根本保证,反过来还可能向我们抱怨:"你卖的是什么保险啊,要我的吗?怎么我出了意外又不保了啊?"面对这样的抱怨,每个推销员应该都很无奈。所以,我们应该在第一时间帮客户扫盲,充分说明个人意外险与团体意外险的差别,相信客户也会有新的认识。

用不追求短期利益的优势打动客户。

我之前发现很多卖意外险的同事,总是在推销过程中一味地追求高价保单,利用客户的盲区,盲目地向客户夸大产品的作用,鼓励其购买,追求一时的短期利益。但无论从职业操守还是从长远利益而言,这种方法都是不可取的。例如,我有一位同事卖给客户一份旅游意外险,由于旅游期限通常很短,所以无需投入过高的保额,只要保证保单覆盖整个旅游期限即可,但他的客户却不明白这点,于是我那位同事就借机把后果说得很严重,让客户投了高额的保单。后来客户醒悟时,打电话给我的同事,表明自己今后再也不会选择购买他的保险了。那时,我那同事才反应过来,自己失去的不仅仅是一位客户,更丢失了自己的品牌和信誉。

做客户的"心理医生"

Mr. 保险精英

做客户的心理医生,他才会在"康复"
后愿意为你的付出买账。

由于对意外险的不了解,一些客户难免会对产品产生怀疑和不信任感,因此,作为意外险推销员,不仅要做好本职推销工作,更要充当这类客户人群的"心理医生",这样他们才会对你依赖有加,在"康复"后成为你的客户。

现场直击

卖意外险最忌讳的一点就是互相猜疑,双方毫无信任可言,因为购买意外险的客户本身对"意外"这个词就是忐忑不安的,此时如果推销员不能将心比心地和客户建立信任关系,平定客户不安的心,那保单即使签成功了,也会充满隐患,对于这一点,推销员老赵深有体会。

老赵有一个很特别的客户,无论他说什么,对方都想让他出示有力的证据才肯相信。最开始,老赵只是因为不想放弃这位客户而答应了对方的请求。但面对客户的猜疑心理，久而久之，老赵就没了耐心，以为这位客户没有诚意购买，心想："我又不是你的心理医生，凭什么这样对你？"后来老赵也开始敷衍对方，就这样两人的隔阂越来越严重，第一笔保单签成后那位客户再也没来找过老赵……

看来，当双方都掉进猜疑的心理漩涡时，就已宣告没有信任可言了，曾经再完美的合作也会因此告吹。或许老赵并非故意而为，但毫无疑问，老赵不是一名合格的"心理医生"。

比起老赵的疏忽，推销员冯刚略胜一筹，至少他懂得购买意外险的客户更容易患上"心理疾病"，不是担心理赔不到位，就是担心保费太高，交的钱还不够解除意外的。所以他很懂得开导客户。因为，在他看来，客户心情的好坏直接影响着推销结果。或许，客户心情一糟糕，就连买产品的心情都没有了。

有一次，冯刚见客户心情不太好，于是没有立刻和对方讨论业务上的事，而是主动邀请对方一起去健身。运动一番过后，客户在冯刚的开导下心情也由阴转晴，还没等冯刚开口谈业务，客户就撂下话："你也辛辛苦苦陪我一天了，我知道你们推销员其实很辛苦。不为别的，就为你让我开心，我也要买你的产品。"

就这样，冯刚成功和这位客户签了保单。而且，幸运的是，这位客户其实是某集团的副总裁，其资金和人脉都不容小觑。后来，这位客户成了冯刚的大客户、老客户，并帮冯刚介绍了不少新客户，成了冯刚的"恩人"。

方法践行

这两个小故事告诉我们：面对客户的误解和心理波动，我们应该努力作好对方的心理疏导，否则，当客户心存疑虑时，是很难做出签单决定的。那么，具体应该怎么做呢？

■ 和客户长相知，不猜疑。

猜疑是客户对我们每个推销员都存在的基本问题，但既然你决意加入卖保险这一行，就要击退客户内心猜疑的"病菌"。猜疑的实质其实是客户对推销员缺乏最基本的信任。这一点在意外险的推销过程中是可以理解的。毕竟，意外随时都有可能发生，但对于正常人而言，每个人都不想让不幸发生，所以，当他们在为自己购买意外险产品时，就会显得格外吝啬，似乎推销员说什么，他们都不容易相信。但我们如果不及时阻止客户的猜疑，就会在以后酿成更多的误会，产生更多的隔膜。所以，作为"心理医生"，首先要消除客户的猜疑心理，做对方长相知的好伙伴。当我们一旦发现对方有猜疑的心理时，就应该主动寻找让对方产生怀疑的原因，而不是顺着猜疑的方向思考。应该反问自己：为什么我的客户会这么想？有什么事实根据吗？总之，在作出决定前，多问自己为什么，不要无端猜疑客户。

■ 积极暗示客户，消除心中阴云。

由于大多数客户对于意外险的理赔比较关注和挑剔，而推销员在和客户的交往中，也难免因为别人的非议和流言而让客户产生糟糕的印象，同样，我们也会因为一些事情对客户产生误解。就像第一个故事中的推销员老赵，当客户索要数据时，他以为是人家不诚心购买，此时保险推销员要做的就是积极地暗示对方不要在意别人的看法，帮助客户采取精神制胜法，不把他人的议论放心上，只要关注产品本身就好。这样一来，双方都得到了彼此的信任。

■ 客户在信服时更有安全感和快乐感。

对普通人来说，"意外"是个敏感又不详的词汇，因此在和客户谈论此话题时,易由于沟通不畅,给客户造成沉重感甚至是心理阴影。但成功推销意外险,推销员靠的绝不是威胁和恐吓。正相反,在推销时,我们应该希望客户在信任我们的同时感到快乐,使双方在愉快的氛围里成交。若客户迟迟不买账,这是因为客户对我们的推销还没有心服口服。所以,若是开导这类客户,我们就要特别强调参与投保意外险和没有投意外险的差别,让对方感到自己的付出并没有白费,只是投资的另一种表现形式。总之,要充分展示对方的收益,就算从未发生过理赔,对方也会心服口服,并在获得安全感与快乐感的同时选择继续投保。

精英之道：保险宗师黄伟庆的蘑菇战术

Mr. 保险精英

　　卖人寿险，从被拒绝开始；卖好人寿险，从避免被拒绝开始。

蘑菇战术其实是一种心理战术，在心理学中是这样解释的："在地形与群众均有利的条件下，针对敌军急于寻求同我方决战的心理，以小部队与敌周旋，疲惫、消耗、饿困对方，而以主力隐蔽等候，不骄不躁，待敌十分疲劳与孤立无援之时，集中主力加以各个歼灭。"最早的蘑菇战术被应用于我国革命战争中，协助我军取得了一次又一次的胜利。后来一代保险宗师黄伟庆曾将蘑菇战术应用于保险推销事业中，并获得巨大成功，他认为蘑菇战术的执行应该注意以下要点。

● 要点 1：尊重他人的选择 ●

　　禅机中讲，世间万物都是自我选择的结果，别人强求不得。卖保险也是一样，客户买保险是一种选择，不买你的保险也是一种选择。只不过每一种选择都会带来一个结果，但无论结果好坏，推销员都不应该责备客户。

有的推销员很喜形于色。客户决定购买了,他就乐开了花,不断给客户拍马屁。客户一旦反悔了,推销员就立刻变了脸色,在心里把那个客户骂了不知多少遍。

而蘑菇战术最忌讳的就是喜形于色,不然你还怎么隐蔽等候,等敌人疲惫之时发起进攻呢?

● 要点 2:不把推销结果堵在概率上 ●

概率学本属于数学领域,但用在推销上同样适合。蘑菇战术用的是"术",而不是"赌",所以你盼望由客户决定购买概率是行不通的。可以这么说,概率通常是存在于群体中的,倘若针对单个客户,那么概率的结果只有两种:一种是 0%,一种是 100%。

● 要点 3:将保险的真谛告知他人 ●

蘑菇战术要求是在群众与地形均有利的前提下才可以展开,对于保险营销员来说,就是要做好和客户的关系,把客户拉拢到你这边,你才能进一步展开进攻。在此之前,你的义务是将保险产品的真谛告诉对方,至于对方怎么想就另当别论了,但推销员应尽的责任一定要尽到。

下一个精英之汽车险

卖的是一路绿灯的服务

解析 车险,即机动车辆保险,是当下广受欢迎的一种商业保险。虽然买车人必买车险,但由其引发的各种理赔纠纷是普遍存在的,所以,卖好车险首先应过服务第一关。

车主没时间理你怎么办？

Mr.保险精英

开车人没时间理你并不是问题，问题是你是否能找准时机和场合。

开车是为了节省更多宝贵的出行时间。我们所见过的车主通常都整日忙忙碌碌，为生活工作辛勤奔波。对于这类看似根本没时间理你的客户，你该如何接近他们，并成功推销车险呢？看看下面这两位推销员朋友是怎么做的吧。

现场直击

刘海新上任不久，这天一大早便来到一个大型停车场发放汽车险的传单。

这时，刘海看见一位白领从写字楼里出来，于是立刻迎上前去，丝毫不在乎那位小姐的感受："您好，小姐，看您这么天生丽质，一定每天开着豪车，我们的业务一定对您有帮助。"说着，还硬是塞给了对方一份宣传单。

只可惜，对方接过传单后看都没看就直接在路过垃圾桶时丢掉了，然后迅速走向了自己的车子。

刘海一边纳闷，一边责怪这位小姐太无情……

难道真的是因为这位小姐太无情吗？当然不是，而是刘海的推销方式有误，没有把握好推销时机。车主的时间往往少得可怜，如何在有限的时间里打动对方"看你一眼"是个值得思考的问题。

王琳卖车险已经五个年头了，对于卖车险，她最大的感叹就是不好把握车主的时间。对于这一点，她从不勉强客户。如果看到车主正一通接一通地打电话，她一定不会去上前敲开对方的车窗，要求对方给自己时间做推销。领导曾夸赞王琳很"知趣"。王琳却笑笑说："哪里是我知趣呀，其实是车主逼得我不得不这么做，毕竟，他们的时间很有限……"

的确，车主的时间是很有限的，如果明知对方正在忙着，却依然不考虑对方的感受，前去推销，只能说是自找没趣了。

方法践行

可见，车主朋友们的确都很忙，但我们就因此放弃推销了吗？当然不是，只要你找对方法，一样可以推销出去。

◼ 不要让你的出现显得很突然，学会旁敲侧击。

如果你看到一个司机大哥，就连忙跑上前去敲开对方的车窗，然后唐突地询问："您需要车险吗？"我相信，再热心的司机朋友也不会理你的。记住，不要让你的出现显得很突然，推销产品也不一定非要直接，往往含蓄地旁敲侧击更容易被司机朋友们接受。由于这类客户本身都是在与汽车打交道，你可以从车谈起。例如，"您的车这么漂亮，看样子性能也非常优越，这么好的宝贝要是能有更好的保障就完美了。"这样的推销方式既不会太露骨，又能同时引起司机朋友们的注意，让其在百忙中对你的车险开始感兴趣。

■ 不要让你的推荐显得很幼稚，学会理智观察。

通常，车主的目的和关心的话题都很实在。所以，不要一上来就滔滔不绝地和客户展示你的产品，而是应该把更多的时间留给司机朋友，让他们多讲述开车发生的事情，正经历的烦恼，理智观察对方的需要，才能更好地用产品征服对方。否则，你说了一堆无关痛痒的推荐话，车主却在不停地看时间，最后丢给你一句"先到这儿吧，我没时间了"。若不考虑车主感觉，即使你说得再动听，对车主而言也是毫无意义的。所以，为自己争取时间的办法就是把时间留给车主，让他在表述过程中忘记时间的存在。

■ 不要让你的表达显得很自私，学会置换立场。

我发现很多推销员在推销时都喜欢这样讲："我们的产品……"、"我们的承诺……"，等等。其实，这是最错误的一种表达方式。因为你过于强调"我"的利益，客户会想：你们唱得再好听有什么用？我关心的是我自己。特别是对于比较追求实际利益的车主朋友们，推销员更应该学会置换立场，先理解客户的想法，为客户着想，才能正确表达产品的作用和用途。因为这时从某种意义而言，你的产品代表了客户的心声，所以也就更容易被对方接受，相反就会导致看问题的视角南辕北辙，在彼此的误解中早早结束了你的推销之旅。

让客户放心把车交给你

Mr. 保险精英

　　客户最关心的永远是利益的问题,这也是对方能够放心把车交给你的初衷。

每个推销员都想在卖出一份车险的同时获得客户的信任,便于今后进行二次销售,为自己树立口碑。但事实上,很多客户即使在购买了车险后,还是会心存疑问,这是因为对方还没有放心地把爱车交给你。这时,你是让客户的这种不安全感延续下去,还是让这种感觉消失在萌芽状态呢? 接下来要出场的两位主人公会告诉你答案。

现场直击

　　"如果您没有异议就趁早签了吧。"推销员秦飞对客户如是说。

　　但就因为这一句提醒,客户反而担心起来:"为什么要我趁早呢? 说真的,我以前没有买过保险,第一次把一辆新车就这么交给你,我还真是不放心呐。"

　　秦飞明白原来是客户不放心,于是赶紧解释:"没错,您的担心是对的,实话告诉您吧,虽然您买了汽车险,但对于汽车所受的损失,一般的保险是不可能全额赔偿给您的。"

客户急了："那还让我买什么呢,岂不是毫无意义了。"

秦飞借机推销："也不是,其实只要您肯再多投入一点钱,加一个特约险种,就可以享受到无论车有什么损失,都可以获得全额赔偿了。"

客户的心这才落了地,笑着说："好吧,有这好事,你这家伙都不早点说……"

其实是秦飞故意和客户绕了个弯子,通过对汽车险条款的合理解释,让对方接受了无法全额赔偿的现实,从而借机向对方推荐和其他产品组合购买。因为客户的一句担心,秦飞反而又多卖出了一份保险。

客户阿兵找到推销员杨虎,十分气愤地质问道："当初不是你和我说的,可以全额赔付我的损失吗?但为什么这次偏偏给我打了'折扣'?"

杨虎也一脸茫然："您确定我和您说过吗?我怎么不记得了!"

阿兵更加生气了,觉得自己被骗了:"真没想到,作为推销员,一点信誉都没有,说过的话还不算数,你让我怎么放心把车交给你!我看接下来的合作就算了吧,快点给我退款吧……"

很显然,由于杨虎当时没有交代清楚汽车险中的各项条款的具体内容,只是简单地作出了一些不靠谱的承诺,导致客户误会加深。而一旦客户汽车发生意外不能获得理想的赔偿,就会对之前不负责任的推销大失所望。

方法践行

看来,让客户彻底放下心来并不是一件容易的事。但随着汽车的普及,客户的爱车之心越来越重。如果我们做不到让客户放心,就很难做成业务。所以,这是推销员们不得不想办法攻克的一道难关。

■ 不放弃为客户争取更高返点的努力，用利益征服客户。

其实，要想征服车主的心很容易，因为比起其他险种，车主购买车险的目的通常很明确。无非就是希望为出行增加一分安全的保障和动力，希望在爱车发生意外时能够获得一定数额的理赔。所以，最好的征服客户的方式就是用利益说话。例如，我们可以同时向车主推荐车险中的"不计免赔特约险"这一产品，在客户原有利益的基础上，为其争取更高的返点，保证其在利益受损时获得 100％ 的理赔，从而让他们在开车时彻底摆脱后顾之忧。如此一来，客户既会感到自己赚到了便宜，我们也成功推销出去了其他产品，何乐而不为呢？

■ 条款解释清楚，不让客户满怀憧憬却走向不安和失落。

有的客户不放心把爱车交给推销员，是因为害怕自己所抱的期望值过高，到头来发生事故时，却不能获得满意的理赔。其实，就算是客户购买了车险，也并不代表出事时能够获得 100％ 的理赔，这要根据其购买的产品的不同而议。但客户往往不理解这一事实，唯一的办法就是，我们在和客户签约前，就为客户解释清楚条款上的每一条信息，不要遮遮掩掩或对敏感的理赔问题加以敷衍。如果你能提前打好"预防针"，客户反而会因此感激你，觉得"幸亏当初那位推销员已经告诉我了，把车交给他我放心"。

■ 为容易患得患失的客户推荐特约险种。

同一种车险中，也有性质完全不同的产品，所以，推销员应该明智地就具体客户具体分析。例如，如果一个客户的性格比较多疑，总是患得患失，无论你怎么努力都不肯把车放心地交给你，这时就可以为其推荐特约险种。因为这类客户之所以会患得患失，其实是没有看到产品的价值。虽然特约险种常常针对一些特定人群，不见得每个车主都会买单，但如果你能够以特约险种独特的价值作为卖点，让对方感到"一般有眼光的人才会买这个产品"，通常客户会就此放下疑虑，放心购买了。

当好保镖，做好跟踪服务

Mr.保险精英

如果你能 24 小时成为客户的保镖，谁还会拒绝你这个免费的"守护神"呢？

卖车险的同仁们似乎都有这样的感受：不知为什么，客户的车怎么就那么"娇气"，三天两头给我打电话，不是车被刮坏了，就是车自己坏掉了，烦都烦死了。

没错，车主的确看似多事，但对我们推销员而言，这可是"讨好"客户的一个绝佳时机。

现场直击

推销员陈晨这几天总是关机，直到有一天，上级领导走进他的办公室。

领导问："作为推销员，本来应该是 24 小时为客户服务的，你怎么能关机呢？这要客户怎么找你呀？"

陈晨却理直气壮地说："就是因为不想让客户找到我才关机的。真是受不了了，单子都签完了，还总有事没事地找我，我又不是机器人……"

领导急了："你知道吗？客户都已经投诉到我这里来了，具体我也不想说了，你好好反省一下吧……"

如果推销员不配合，反倒觉得车主麻烦，那么，客户对你的印象自然就会急转直下，认为你赚了佣金就万事大吉，不管他的死活了。

赵爽是个很有交际手腕的推销员，凡是和她合作过一次的车主，都愿意继续与她合作下去。开始大家都很好奇她的秘诀是什么，后来她解释道："我们其实应该学会和车主培养感情，哪怕你只是在无意中发现了对方的小兴趣，然后投其所好地送些小礼物，对方也一定会因为你这个'保镖'的贴心而动心……"听了这话，同事们都恍然大悟。

没错，售后服务贵在用心。只是现在有太多推销员不把售后服务当回事，总是想敷衍了事，相反，赵爽却因为用心而留住了客户。

方法践行

看来，做好车主的"保镖"尤为重要。试想，如果你能够 24 小时做客户的保镖，做好跟踪服务，客户会不感激你吗？但问题是，我们应该采取何种方法来实现呢？

为客户构建"保平安"服务体系，推荐其购买车辆损失险。

客户的车之所以"娇气"，是因为汽车本身就是容易受到伤害的产品，这一点推销员一定要予以理解。大大小小的交通事故不说，不知何故汽车就突然抛锚不能启动，莫名的车身划痕、掉漆等，这时车主的心情已经因为这些损失而坏透了，所以，为了避免客户产生这种负面情绪，我们可以为其建立一个"保平安"的服务体系，建议其购买车辆损失险，以此全面保障爱车的安全。毕竟，一个售后完善的产品才会有相应完善的服务。

■ 售后及时普及驾驶风险知识，为客户暖心。

无论车技好坏的客户，在卖出车险后，推销员都有义务向其普及驾驶风险知识。这是因为，车技好的客户会觉得自己的驾驶技术绝对没问题，从而忽略了外界环境因素的干扰。而车技不好的客户，又会觉得反正自己车技不高，出了事还有保险公司理赔，怕什么？正是由于客户的这种心理，才导致很多不该发生的事故发生了。所以，我们应该及时向车主普及"保费诚可贵，生命价更高"的理念，并提醒其在驾驶时应注意的事项，让他们感到车险只是一种保障，但不足以成为草率驾驶的借口。

■ 发掘车主兴趣，培养感情。

我们和很多客户都只有"一面之缘"，难以促成二次销售，其实都是由于我们跟踪服务做得不好。这一点，我们应该学学泰国东方饭店的推销模式。它之所以成为世界上数一数二的大企业，是因为他们的售后服务做得太棒了。但凡去过一次的客户，对方就会永久地记住这位客户。当这位客户一段时间没有去时，还会贴心地寄送明信片向客户表达"想念"之意。所以，90％的老客户只要到了泰国，都愿意再次选择东方饭店。

及时询问，倾听司机的抱怨

Mr. 保险精英

　　只有当你愿意倾听对方的抱怨时，对方才会更愿意倾听你的推销。

客户的抱怨恐怕是每个推销员都最为敏感和头疼的问题。其实，客户的抱怨主要来自两个方面：一个是由于对我们的产品和服务有所不满而引起的，另一个是由于客户对我们的产品和服务还有更大的期待而引起。但无论是因为什么，唯一能改变客户抱怨的人，就是推销员自己。不信来看看下面的主人公是怎么处理客户抱怨的。

现场直击

　　推销员苏静最近烦透了，因为一个客户把她当成了"撒气桶"。由于客户是一位司机朋友，和自己一样，每天要半夜才下班回家。苏静一进家门，客户就会打来电话，美其名曰和她谈心，增进合作感情，其实就是向她抱怨开车时的烦心事。这让苏静欲拒还休，开始几天她也就忍了，毕竟是自己的客户，但后来苏静实在受不了了，有天晚上，客户再次打来电话，苏静终于爆发了："对不起，我不是你的撒气桶，你找别人去吧……"

后果可想而知，苏静丢了这位客户，无奈的是，客户还把这件事转告了其他司机朋友，结果那些司机们也都纷纷开始敬苏静而远之。

与苏静正相反，推销员王翰就很乐意倾听车主的抱怨。因为他并不只是一味地倾听，而是尽可能从客户的话语中发现问题，并主动提出建议和解决的办法，和客户充分地互动。

如此一来，在彼此的互动中，客户的烦恼很快就烟消云散了。也正因如此，很多客户都把王翰当成自己的"问题处理专家"，甚至很多客户感到自己的开车生涯已经离不开王翰的指导了……

看来，王翰把握住了倾听的精髓——除了倾听更要互动。如果客户只是自说自话，往往就会陷入自己的思维误区，所以当客户找不到方向时，推销员万万不可跟着乱了阵脚，而要帮助其一起找出问题。

方法践行

同样是受理客户的抱怨，苏静处理的结果适得其反，还白白搭进去了那些倾听时间。相反，王翰不但有效倾听了客户的抱怨，还轻而易举地帮客户解决了问题，可谓一举两得，看来采用的方法很重要。

主动询问，让客户发泄近期抱怨。

由于车主和推销员联系的时间有限，通常在购买了车险后的很长一段时间内彼此都不是很熟络。这就大大影响了我们今后的二次销售。所以，我们应该定期主动询问，让客户主动发泄近期的抱怨，并耐心倾听。因为，倾听是找出问题从而解决问题的开始。另外，在客户发泄的时候，切记不要打断对方，只有让客户尽量"尽兴"，才能更便于我们从客户的言语背后发现他们的内在情绪和问题。

■ 从抱怨中发现问题，并迅速协助解决。

倾听抱怨的目的绝不仅仅是为了"讨好"客户，做对方的撒气桶。做听众的根本目的是为了发现问题，并根据自己的能力看是否可以协助客户解决，这样客户会感觉他被重视，并因此更加感激你。建议大家不妨采用"分担式"方法，利用同理心和客户站在同一条战线上。这期间，无论客户是抱怨产品本身还是抱怨我们的服务，我们都不应该责备客户，而是应随声附和类似"你说得的确很有道理！我们一定加以改进"的安慰之语。总之，如果客户是抱怨产品，我们应立即向对方道歉，并帮客户做好服务。如果客户提出了其他方面的问题，我们也要帮助其分析问题实质，尽全力协助解决。

■ 对客户诚实，既做出承诺，也提出问题和要求。

有时客户提出的问题很复杂，一时间难以解决，我们可以适度承诺，向客户表明问题很复杂难以解决的现实，并向对方争取解决的时间。不要为了安抚客户而做出毫无根据的承诺，如果不能在最终为客户解决问题，一味地承诺只会让客户的抱怨增加。而且，一个明智的推销员往往会让自己的承诺带有目的性，而不是白白地为客户付出。我们应该借机向客户提出他能够达到的小要求，例如，"如果你的朋友也有这样的问题，也一定要让他找我哦，我最近正发愁没有转介绍的客户呢！"这样客户一下子就明白了你的意思，并也愿意帮助你。

发生事故时第一时间站出来

Mr.保险精英

　　每个人都希望在自己出事时的第一时间被救助，车主也不例外。

近几年，我国交通事故发生率不断攀升，这也是广大车主朋友们肯花大手笔购买车险的原因所在。但其实，他们愿意买车险，是更希望自己在出事时第一时间得到帮助。所以，作为推销员，能在事故发生后第一时间站出来就显得尤为重要，如果你做得好，不但能够借机和客户建起信任的桥梁，还能唤醒对方的责任意识，甚至让对方因此愿意购买汽车责任险。

现场直击

　　推销员孟玉曾做过一件"蠢事"。

　　他的一位客户出了意外，他闻讯好心赶过去，却只是轻描淡写地向其表示了同情，并提醒车主下次一定要注意安全、小心驾驶。

　　结果客户丝毫不领情，反而质问他怎么不提理赔的事。而当时的孟玉就觉得客户不值得同情，丢下一句"赔不赔那是公司的事"就走了……

明明是好事，却阴差阳错办成了坏事。只因孟玉没有意识到自己对客户的责任问题。所以，请大家千万不要做"费力不讨好"的事，一旦站出来就要扛起责任来。

推销员："听说您的爱车前几天不小心被刮了，不知严不严重？"

客户一下子就被推销员的热心所感染，回答："还好啦，但如果贵公司能理赔给我当然最好啦！"

推销员："当然，赔是一定的，您放心好了。"

推销员答应得好好的，但不曾想都一周过去了，客户还没有收到理赔。

客户终于忍不住给推销员打了电话："您不是答应过我可以理赔吗？怎么还没动静啊？"

推销员无奈地说："由于您的爱车擦伤的地方很特别，我也没想到这么麻烦，还需要鉴定科具体的鉴定报告出来，我才好回复您……"

客户本来并没有想要赔偿，但推销员却主动站出来说要赔偿，就这样，客户由"不抱希望"变成了"充满希望"，可结果呢？由于推销员并没有把握立即给予对方赔偿，却事先答应了对方，结果客户的希望落空，也加重了他们的失落感。

方法践行

这两个让人无奈的小故事真是意味深长：事故发生后，不站出来不行，站出来不表明承担责任的态度还不行，站出来后不能一次就把事办妥更不行。到底我们应该怎么做呢？

◼ 站出来是为了承担责任而非表明态度。

很多推销员有这样一个误区，自己表面工夫做得太好了，而一旦你的客户出事故时,自己却逃之夭夭,不见了踪影。总是在事后客户质问你时,才连忙鞠躬道歉,表示下次一定第一时间来营救客户,却为时已晚,客户当初对你的那份信任已经难以挽回。我们第一时间站出来是为了承担责任,而非向客户表明态度。

■ 第一次就把事情办妥,建立客户忠诚度。

客户希望我们第一时间站出来,是希望我们能够第一时间就帮助他把问题解决掉。如果我们第一个站出来,却是最后一个解决问题的人,相信哪个客户都笑不出来了。所以,当我们勇敢地站出来时,还要争取第一次就把事情办妥,唯有如此,客户才会更加信任我们,遇事也会第一个想到我们。这其实是一个良性的循环,对于提高我们的业务水平也是大有帮助的。毕竟,当我们的业务能力提高了,才能为客户解决越来越多、越来越难的问题。当我们为客户提供了越来越优质的服务后,对方才会对我们说出真挚的感谢,建立真正的信任关系。

■ 第一时间反馈问题,你不是一个人在战斗。

每个人多多少少都有好大喜功的心理,都希望自己能独立地解决客户的问题,回公司后好等待上级的表扬。但关于责任的问题,特别是车险的理赔问题,常常并不是推销员一个人就可以定夺和解决的。如果我们自己草率决定,往往既耽误了客户的理赔进度,也害公司名利受损,后果不堪设想。所以,遇事的第一时间不但要站出来,更要果断地判断问题的级别,大胆地反馈给上级。记住,你不是一个人在战斗,有时在团队的帮助下,更能圆满地解决问题。

主动带客户参观理赔现场

Mr. 保险精英

事实胜于雄辩,能让客户现场参与,就不要自导自演一出独角戏。

可以说,客户购买车险的最终目的就是发生意外时能够获得理赔,但关于保险公司的理赔,客户的第一反应往往是不可靠、不信任。所以,正确的做法是,如果条件允许,就主动邀请客户参观理赔现场。

现场直击

客户孙琦刚考取了驾照就买了一台新车,为了保护好爱车,他联系了推销员林克,了解到了不少相关信息。

林克心想:"还是新手好,推销起来更容易。"

没想到的是,孙琦突然提出参观公司理赔现场的要求,这下林克为难了。倒不是因为公司理赔做得不好,而是怕不能满足孙琦的要求,所以想先签单再带他去观看也不迟。

就这样林克先"骗"客户签了单,而后只是随声附和说可以带其参观理赔现场,只是要等几天,孙琦没想太多,欣然接受,没想到的是,这一等就再也没了消息……

后来,孙琦投诉林克"诈骗",保险公司知道此事后,立即开除了林克,林克的推销事业也就此画上句点。但仔细想想,这又能怪谁呢?

张倩一直想为新买的爱车投一份自燃险,因为她常年居住在海南,自从听说车子经常放在外面曝晒十分危险后,张倩就更加坚定了买自燃险的决心。

但事实上,张倩并不懂得什么是自燃险,在这种情况下就找到了推销员付娜买保险。作为推销员的付娜当然不会拒绝卖保险给她。而且付娜还主动带张倩参观了理赔现场,张倩表示很满意,就这样,两人很快达成了共识,签了保单。

只是,一年过后,张倩并没有再续保费,而是改投其他公司了。因为,后来一个偶然的机会张倩在新闻中了解到了自燃险的真实含义,并知道了新手其实并不适合投自燃险。但这些付娜当初都没有告诉自己,张倩毫不犹豫地中止了合作……

可见,付娜作为推销员,虽然主动带客户参观了理赔现场,却卖给对方一份并不适合客户的险种。虽然不能说付娜是刻意为之,但肯定的是,她并没有从客户的真正利益出发,以至于失去了一次让张倩成为老客户的机会。

方法践行

看来,让客户高悬的心落地,是推销员的基本素质,也是安抚客户情绪最有效的办法。如果你明白了这一点,就按照下面的方法去执行吧!

■ 为客户分析现场情况,为其树立榜样。

带客户参观理赔现场的目的并不单纯是为了建立信任度,同时也是为了向客户展示在事故发生后,应该如何保留现场痕迹,理赔时应该展现一个什么样的现场,从而避免双方在理赔问题上难以达成共识、发生纠纷。所以,我们带客户参观理赔现场时,要做的第一件事情就是为客户分析现场情况。例如,要明确告知客户:"您看这个现场,所有的发生事故时的痕迹都是完好无损的,事故发生后的变化状态保留越完整,越能更好地分析事故发生的原因,为责任鉴定提供可靠的依据,这样我们才会以最快的速度为您做出理赔。"这样一来客户就会把了解到的现场作为案例,明白自己的立场以及怎么做才是最明智的。

■ 理赔重在公平性,为客户展示公平的一面。

理赔最关键的问题在于它的公平性,这也是客户最关心的问题。所以,我们带客户参观理赔现场时,就应该消除客户这方面的疑虑,为其展示公司理赔注重公平性的一面。例如,你可以这样解说:"我们公司为了保证理赔的公平性,在测评之前,都要求工作人员做足准备工作,甚至还会提前做好抽样调查。尽可能把测评的偶然性降至最低,保证对您的理赔是公平合理的,这也是我们最大的心愿。"客户在听了这一番讲解后,即使暂时不会完全相信,也会因为公司所展示出的专业性的一面而放下心来。

■ 强调速度,和其他公司拉开速度差。

客户除了关心能否获得理赔、能否最大限度地获得赔偿金之外,最关心的莫过于理赔的速度了。据调查表明,很多客户认为如果保险公司不能在短时间内做出理赔，他们宁可放弃那家公司的产品。因为客户除了正常的工作和生活，不可能将所有的心思都放在理赔琐事上。所以，我们应该以理解和支持的态度向客户传达这样的信息："我们的理赔速度是其他公司无法比拟的"、"我们的理赔最快 5 分钟就能搞定"。这样客户才会在信任你的同时，认为选择你的产品是值得的，当然，更要说到做到。

精英之道：梅第·法克沙戴的保险圣经

梅第·法克沙戴书写了一个全球性的保险界传奇，全球保险界尊称他为"永远的世界第一"！

但其实，在早年，他只是一个连英文都不会说的伊朗移民。梅第·法克沙戴是如何跃升为美国保险界的亿万富翁的呢？他的保险推销圣经是什么呢？

● 圣经 1：勇气 ●

世界上没有完全相同的两片叶子，推销员每天所要面对的客户也都千差万别。这样一来，我们的任务除了应对不同种类的客户，无形中还多了一项应对被不同种类客户拒绝的压力。可见，如果没有十足的勇气，就犹如一个士气低迷的斗士一样，战斗一辈子也很难取得胜利。

所以，梅第·法克沙戴认为："一个优秀的销售员最重要的条件就是要具有高昂的工作士气。工作士气高昂的销售员比工作士气低落的销售员更能取得优异的销售成绩。"

这一点其实很好解释,不妨回忆一下自己在过去的推销工作中,是否有萎靡的时候,或者你身边的同事是否有士气低落的情况。这时,萎靡的那个人就会迅速地把这种情绪传染给他人,倘若你是被传染的那个人,你就可能会顺理成章地抛弃勇气,加入士气低迷的队伍,这是十分可怕的。

保险业始终被认为是勇敢者的职业,因为无论何时何地何种情况下,只有勇敢的心才不会泯灭,才能达到目标、说服客户。当然,勇气并非一日生成,所以,在本书的最后,我才壮一壮各位的士气。但毫无疑问的是,如果你能不断地激发自己的勇气,信心就会随之最大化,一切忧虑、担心、恐惧也都会随之消失。

● 圣经 2:坚持 ●

保险推销真正锻炼人的地方在于你若做了多年推销员后,是否依然会坚定地走下去。

梅第·法克沙戴曾说过:"前期的推销过程都是艰难的,也可以说是煎熬的,但是只要坚持到最后,不管你是否聪明,是否具有很高的学历,只要你愿意去努力,去坚持,最后应该都会有所收获的。"

没错,卖保险贵在坚持,坚持才会看到效果。不要觉得现在的自己整日奔波却成就甚微,其实你只是在为将来的发力做准备。我并非是想要借机安慰你,或让你自欺欺人,而是要让你明白:前期的奔波相当于客户掏钱购买产品一样,我们称之为——投资。没错,只能不断地坚持投资,未来才会显示出更大的收益,这些都是你成为保险精英的最大资本。而你只有在有了资本后,才会更有魄力,无所不惧,一如既往地在保险这条路上走下去,更好地走下去!

附录：保险生意不停摆的专业话术

1. 什么是保险？保险就是最积极的救火队员，最结实的防火墙，最安全的救生艇，最好用的备用胎。保险更是由责任、爱心、保障、投资汇聚起来的"万能钥匙"。

2. 什么是分红保险？分红保险就是只要您购买，相当于您也是我们保险公司的一大股东，和我们一起享受大家的劳动果实，年年分红，岁岁派息，这辈子都有了保障。

3. 什么是医疗保险？医疗保险就是在您生病的时候，有人主动给您拿医药费，同时又能根据具体情况给您一笔丰厚的住院津贴，让您的损失降至最低，这就是医疗保险。

4. 您好好想想，还有哪些不清楚的地方，我可以免费为您做咨询服务，现在国家提倡明明白白买保险，实实在在消费，您放心，我一定不会让您的钱白花的。

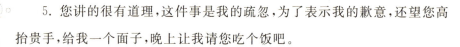

5. 您讲的很有道理,这件事是我的疏忽,为了表示我的歉意,还望您高抬贵手,给我一个面子,晚上让我请您吃个饭吧。

6. 您钱紧没关系,我身上带着钱呢,我现在先给您办,等我过几天办好以后给您送保单的时候,您再给我也不迟,这是我应该做的!

7. 您看您每天仅仅需要 5 毛钱的保费,一年也没有多少钱,但却能享受最好的服务,明智的您何乐而不为呢?

后记：不做保险做精英

我曾经在给学员做培训的时候，我的学员们曾问过我："什么是卖保险？"

我回答："卖保险就是卖保险商品，这本身是一种商业行为。"

于是，学员们如获真知一样立即将这句话记在本子上，并对我许诺："我一定会卖好保险。"

没错，卖出保险——这应该是绝大部分保险人的目标，因为只有卖出去产品了，才有佣金可赚。

我入业多年来，虽然已经算是一个小有经验的保险培训师了，但我却觉得自己仍处于不断学习的状态，特别是当我"孕育"出这样一部作品之后，这种感觉就愈发强烈。因为我深深地感觉到，关于保险的种种，我还没有自成一家，所以，更没有资格停下前进的脚步。但我发现，很多保险推销员有一个误区：他们总是在为了卖保险而卖保险。

后来,我就问我的学员们:除了卖保险之外,你还能做些什么呢?

结果,有人回答说:普及保险知识,将保险的好处传播给更多的人。

有人说:争取让更多人享受到更好的保障。

还有人说:让更多的人了解保险对于个人日常生活的重要性。

这个结果验证了我的观点,你们看,几乎每个人的回答都在围绕着卖保险本身打转,而没有一个人对我说:

我要给自己写一份未来精英计划书;

我要让所有人知道我曾卖过保险,做出了上百万元的业绩;

我也要像你一样,成为一名高级培训师;

……

可见,我的这些学员们只是知道自己现在是保险推销员,应该卖好保险,但在保险这条路上,却没有一个明确的、终极的目标,也就是我之前所说"为了卖保险而卖保险"。我相信不只是我的学员们这样想,很多正在岗位上苦苦奋斗的保险推销员们也是如此。

所以,我现在必须告诉你们:现在,趁刚刚读完本书,请尽早给自己确立一个明确的目标:

我就是要成为下一个保险精英!

我一定要做下一个最伟大的推销员!

当然,我并不是要你跟着我一起喊口号。人生的目标本就是一个大话题,人各有志,成功的标准也各不相同。我在这里暂且把成功的标准世俗化一下,以钱来作为你是否成功的标准。那么,现在请问各位:每年的佣金＋各种奖励,总共是多少钱?

如果你赚得多,说明你在保险业这张考卷上获得了较为理想的成绩。如果我说得再实际一点,你能养家糊口过日子,只算是 60 分,那么我相信,很多人这一辈子的追求也就只有 60 分,因为他们是在为了卖保险而卖保险,谈得上生存,却谈不上有何发展。

也许你会问：如果给自己定下目标后,最终却没有成为保险精英,那定目标有什么用呢？和结果有什么必然联系吗？

当然有联系,而且这个道理很简单——择其上求其中,择其中求其下,择其下的话,还能有什么发展？所以,当你将"卖保险"转移到"成为精英"这一目标时,你的准备、策划、执行都会随之改变——随着目标的提升而有所提升。

现在你明白了：

不做保险是为了不让自己为了卖保险而卖保险；

做精英是为了不断提升自己的目标和能力；

而不做保险做精英则是一种保险人的态度,更是成为保险精英的必备素质！

图书在版编目(CIP)数据

下一个保险精英就是你/李玲著.—杭州：浙江大学出版社，2012.1

ISBN 978-7-308-09494-8

Ⅰ.①下… Ⅱ.①李… Ⅲ.①保险业—市场营销学—基本知识 Ⅳ.①F840.4

中国版本图书馆 CIP 数据核字（2011）第 279393 号

下一个保险精英就是你

李　玲著

策 划 者	蓝狮子财经出版中心
责任编辑	曲　静
出版发行	浙江大学出版社
	（杭州市天目山路 148 号　邮政编码 310007）
	（网址：http://www.zjupress.com）
排　　版	杭州大漠照排印刷有限公司
印　　刷	浙江印刷集团有限公司
开　　本	710mm×1000mm　1/16
印　　张	17.25
字　　数	214 千
版 印 次	2012 年 1 月第 1 版　2012 年 1 月第 1 次印刷
书　　号	ISBN 978-7-308-09494-8
定　　价	36.00 元